Doreen Virtue und Charles Virtue

Zeichen der Engel

Doreen Virtue und Charles Virtue

Zeichen der Engel

Himmlische Botschaften für den Alltag

ANGEL THERAPY®

Titel der amerikanischen Originalausgabe
»Signs from Above«

Original English Language Publication 2009 by
Hay House, Inc. California, USA

Aus dem Englischen von Silvia Autenrieth
Lektorat: Birgit-Inga Weber
Umschlag: Lisa Sprissler
Umschlagfoto: Musizierender Engel,
Fresko von Melozzo da Forli (1438-94),
Vatikanische Museen, Rom.
© Bridgeman Art Library
Gesamtherstellung: Karin Schnellbach
Druck: Bercker, Kevelaer
ISBN 978-86728-079-2

Inhalt

Wir widmen dieses Buch Erzengel Michael,
dessen Hilfe, Stärke und Unterstützung
uns den Mut gaben,
unser Leben zu verändern,
damit wir anderen helfen können, das ihre zu ändern.

Einleitung

Ihre Engel sind immer bei Ihnen und sprechen ständig mit Ihnen – vor allem als Antwort auf Ihre Gebete. Wenn Sie unter Stress stehen, überhören Sie vielleicht ihre leise Stimme, die sich in Form intuitiver Gefühle und Gedanken einstellen mag. In solchen Fällen greifen die himmlischen Wesen zu konkreteren Mitteln, um ihre Botschaften zu überbringen, und senden Ihnen Zeichen von oben.
Solche Zeichen ...

- wiederholen sich;
- gehen über das Alltägliche hinaus;
- sind für Sie persönlich bedeutungsvoll;
- treffen mit Ihren Gebeten oder mit Fragen zusammen, die Sie an das Göttliche gerichtet haben.

Lebenslang bieten sich uns Gelegenheiten zum Feiern, aber auch Herausforderungen; wir erleben harte Zeiten, freudige Anlässe, Verlust und Wiederbegegnung. In all diesem Auf und Ab fühlen sich manchmal auch spirituelle Menschen mutterseelenallein, ohne eine helfende Hand. Doch da die Engel stets bei uns sind, ist auch ihre Führung immer gegenwärtig.
Die himmlischen Boten helfen uns, Frieden zu finden, und leiten uns an, wie wir auch andere dabei unterstützen können. Und doch werden sich die Engel nicht ohne unsere Erlaubnis einmischen oder unseren freien Willen gewalt-

sam außer Kraft setzen. Schließlich sind wir hier, um auf der Seelenebene dazuzulernen und uns weiterzuentwickeln. Vor unserer Geburt wählen wir eine Reihe von Zielen und Lektionen für unsere Zeit auf Erden. Wir schließen eine Art »heiligen Vertrag«, der die Richtung für unser Leben vorgibt.

Als Seele ist es Ihnen bestimmt, alles zu erfahren, was das Leben zu bieten hat. Ob Sie als Adelige geboren wurden oder als »normaler« Bürger – dieses Leben ist Ihre Chance, genau jenes kennenzulernen, was Sie brauchen, um sich auf der Seelenebene weiterzuentwickeln.

Wenn Engel uns helfen, unser Leben zu bewältigen, tun sie das nicht immer auf eine offensichtliche Weise. Das liegt daran, dass sie da sind, um uns zu begleiten und uns zu beschützen, nicht um uns etwas vorzugeben und uns zu dirigieren. Oft liefern sie ihre Antworten, Hinweise, Botschaften und Warnungen in Form von *Zeichen*, das heißt durch Signale oder außergewöhnliche Vorkommnisse in unserem Leben, mit denen sie uns zu verstehen geben, dass sie bei uns sind. Zwar ist diese Form der Kommunikation so alt wie die Menschheit, aber sie ist nicht allgemein bekannt; man begreift oder erkennt sie nicht unbedingt. Die Engel wollen das ändern, denn Zeichen sind ihre häufigste und direkteste Art und Weise, mit uns in Kontakt zu treten. Sie möchten uns allen helfen, uns bewusst zu werden, dass sie uns ständig Botschaften übermitteln, an jedem Tag unseres Lebens.

Auch heute sind Ihnen bereits mehrere Zeichen zuteil geworden – und bis zum Schlafengehen werden Ihnen noch weitere begegnen.

Um Zeichen von oben zu erfahren, ist zweierlei erforderlich: Man muss an sie *glauben*, und man muss sie *wahrnehmen*. In welcher Größenordnung sie sich ereignen und wie beharrlich sie auftreten, variiert zwar von Person zu Person und von Situation zu Situation, aber Zeichen gibt es immer in Hülle und Fülle, und sie dienen dazu, uns zu helfen. Es kommt zu erstaunlichen Transformationsprozessen in unserem Leben, wenn wir lernen, die Botschaften der Engel wahrzunehmen und sie zu nutzen: Die Zeichen begegnen uns inmitten unseres Alltags, in allen erdenklichen Situationen, im Großen wie im Kleinen.
Beim Lesen dieses Buches wird Ihnen wahrscheinlich klar, wie oft die Engel auch Ihnen schon Zeichen geschickt haben. Betrachten Sie rückblickend Ihre letzte größere Herausforderung und rufen Sie sich die wiederkehrenden Zeichen in Erinnerung, die Sie als Antwort auf Ihre Gebete um Beistand erhielten. Wie wurden Sie geführt? Gab es in dieser Situation vermeintliche »Zufälle« oder »Puzzleteile«, die sich einfach perfekt zu fügen schienen? Wenn Sie diese Frage gerade mit »Ja« beantwortet haben, haben Sie vermutlich die Zeichen befolgt, die Ihnen gezeigt wurden.
Nicht alle Zeichen sind klein, und nicht alle sind grandios. Jedes stellt sich zu einem ganz bestimmten Zweck ein – sei es, um Sie zu trösten, um Ihnen eine Entscheidung zu erleichtern oder um Ihnen etwas zu bestätigen, das Sie zwar zu wissen glaubten, aber noch ohne mit der nötigen Sicherheit dahinterzustehen. Wenn Sie den Zeichen folgen, werden Sie nicht nur durch Situationen hindurchgeführt; Sie bekommen auch die nötige Hilfe, um Entscheidungen zu treffen, die Sie auf dem eingeschlagenen Lebensweg und

beim Anstreben Ihrer Ziele unterstützen. Wenn Sie ein Zeichen beachten, führt dies unversehens zu weiteren, sodass sich schließlich jeder Aspekt Ihres Lebens verbessert – was Ihnen das erfüllende und erhebende Gefühl verleiht, dass Sie in Ihrem Leben eine ganz bestimmte Aufgabe haben: Ihre ureigene Aufgabe.

Wenn Sie auf ihre Zeichen hören, vermitteln Sie dem Reich der Engel die Botschaft, dass Sie offen, empfänglich und bereit sind, sich noch mehr davon zeigen zu lassen. Es bewegt die Engel dazu, Ihnen weitere Zeichen zukommen zu lassen. Sollten Sie einmal das Gefühl haben, dass Sie die Zeichen nicht recht begreifen, bitten Sie Ihre Engel einfach, Ihnen andere Zeichen oder offensichtlichere Signale zu schicken, damit Sie etwas damit anfangen können.

Unsere Aufgabe besteht nicht darin, nach Zeichen zu *suchen*, sondern sie *wahrzunehmen*. Das ist ein feiner Unterschied. Übereifrig nach ihnen Ausschau zu halten, macht uns nur angespannt – was die Kommunikation mit den Engeln erschwert. Durch einen entspannten Umgang mit ihnen sorgen wir dafür, dass unser Körper und unsere Seele harmonisch auf die Engelenergie ausgerichtet bleiben, die uns alle umgibt, uns durchströmt und beschützt.

Das gilt auch für die Lektüre dieses Buches: Lehnen Sie sich bequem zurück und genießen Sie die Geschichten, während Ihnen die Informationen auf diesen Seiten offenbart werden. Sie erfahren auf ganz leichte Weise, wie Sie um Zeichen der Engel bitten können und wie sie diese sehen und erkennen. Die Vielfalt der Zeichen, die Ihnen begegnen mögen, ist zwar nahezu unbegrenzt; dennoch gibt es bestimmte Formen, auf die man immer wieder stößt und die sich als beson-

ders wirkungsvoll erwiesen haben. Dieses Buch führt Ihnen Beispiele für gängige Wege vor Augen, wie der Himmel Botschaften übermittelt: etwa in Form von Wolken in Engelgestalt, durch Münzen, Federn, Regenbogen und Musikstücke, die eine besondere Bedeutung für jemanden haben. Außerdem lesen Sie hier wahre Erlebnisse von Menschen, die dank der Zeichen der Engel geführt, beschützt und geheilt wurden.

Kapitel 1

Glückswolken

Die Wolken, diese Himmelsgebilde aus Feuchtigkeit, schweben am Firmament wie über uns wachende Engel, während sie rund um unsere Welt ziehen. Auf diese Wunder der Natur greifen die Engel immer wieder gerne zurück, um uns Zeichen zukommen zu lassen, da Wolken ja jede beliebige Gestalt annehmen können und zuweilen spektakulär anzusehen sind. In diesem Kapitel wollen wir uns damit befassen, wie Wolken des Öfteren dazu dienen, Zeichen, Botschaften und Trost zu übermitteln und zu zeigen, dass es jemandem, an den wir denken, gut geht.
Unser erstes Beispiel stammt von Kathie Robertson. Sie erhielt von ihrem »besten Freund« ein Zeichen, mit dem er ihr zu verstehen gab, dass sie nie voneinander getrennt waren:

Willie und ich waren in unseren zehn gemeinsam verbrachten Jahren ganz dicke Freunde. Er war groß wie ein Kalb – ein Border Collie, mit langem, schwarz-weißem Fell. Willies Größe wirkte auf manche etwas einschüchternd, aber er

war lammfromm. Die Kinder nannten ihn immer unseren »sanften Riesen«. Er hatte eine wunderschöne Seele, so voller Zärtlichkeit, und ich hing sehr an ihm. Er war mir völlig ergeben und saß oft stundenlang auf meinem Schoß.

Als Willie vier Jahre alt war, kam bei ihm eine Epilepsie zum Ausbruch, die mit den Jahren immer schlimmer wurde. Im März 2005 hieß es schließlich Abschied nehmen.

Nachdem Willie von uns gegangen war, erwartete ich immer, dass er im Traum zu mir kommen würde, aber die Monate zogen ins Land, ohne dass er mir erschien.

Dann hatte ich die Trennung von meinem Mann zu bewältigen, sodass das Leben noch schwieriger wurde. Ich bat die Engel, mir im Traum eine Botschaft zu übermitteln, um mich aufzubauen und mir Freude zu schenken. (Insgeheim hoffte ich tatsächlich, sie würden mir sagen, dass ich bald einen Topf Gold am Ende des Regenbogens finden würde.) Aber stattdessen erhielt ich meine Botschaft, nachdem ich mit Freunden zu Mittag gegessen hatte.

Wir hatten viel Spaß miteinander. Kaum waren wir alle nach dem Essen nach draußen gegangen, fiel mir eine riesige, milchig weiße Wolke auf, die unfassbar dicht über dem Boden hing, ungefähr dort, wo man das obere Ende eines Telefonmasts vermuten würde. Sie war komplett undurchsichtig, bis auf einen großen, rabenschwarzen »Riss« an ihrer Unterseite. Ich rief meine Freunde zu mir herüber, um sie auf diesen ungewöhnlichen Anblick aufmerksam zu machen, und als wir die Wolke anstarrten, verwandelte sie sich ... in meinen Willie! Er sah sehr majestätisch aus, ein Prachtkerl, ganz wie zu der Zeit, als er noch jung und gesund war. »Willie!«, rief ich ihm zu. »Endlich kommst du zu mir!«

Wie freute ich mich über diesen Besuch, wie sehr baute er mich auf! Es war die großartigste Botschaft, die die Engel mir übermitteln konnten. Sie gaben mir auf Engel-Art zu verstehen, dass mein geliebter Willie gesund und glücklich bei ihnen im Himmel anzutreffen war. Jetzt bin ich froh und von Frieden erfüllt, da ich weiß, dass er in ihren himmlischen Sphären ist.

Engel und liebe Verstorbene schicken uns oft Zeichen, zum Beispiel Vögel, Schmetterlinge und Blumen oder einen unverwechselbaren Duft, den wir mit ihnen in Verbindung bringen (ein Lieblingsparfüm zum Beispiel, oder Zigarettenrauch, wenn die betreffende Person geraucht hat), ja sogar flackernde Lampen im Haus oder Fernsehsignale. Wolken gehören jedoch zu den häufigsten Wegen, über die wir »Ich-liebe-dich«-Botschaften vom Himmel erhalten.

Wie viele Wolkenformationen mit tröstlichen Mitteilungen Verstorbener haben Sie wohl in Ihrem Leben schon gesehen? Wenn Sie offen für ihre Gegenwart waren, stehen die Chancen gut, dass es viele sind. Machen Sie sich keine Sorgen, weil Sie womöglich ein paar verpasst haben. Richten Sie Ihren Blick weiterhin gen Himmel, denn die Engel werden vor nichts Halt machen, um Ihnen die Botschaften zu geben, die Sie erbitten und brauchen.

Die Geschichte von Carole Edwards ist ein großartiges Beispiel dafür, wie die Engel Bilder von sich selbst einsetzen, um Aufmerksamkeit auf sich zu lenken und Trost zu spenden:

An einem kühlen, stillen Nachmittag des Jahres 2007 saß ich entspannt auf dem Rasen meines Gartens und sah den Wolken nach. Mit einem Mal bildete eine davon klar erkennbar den Umriss eines Engels – ein Anblick, der mich mit Ehrfurcht erfüllte und mir bestätigte, dass der Himmel tatsächlich über uns wacht. Der Engel hatte riesige Flügel, die bis zum Boden reichten, und trug ein fließendes Gewand. Ein wunderschönes, strahlendes Lächeln lag auf seinen Zügen, und seine Augen schienen direkt auf mich gerichtet zu sein.
Dann löste sich die Wolke plötzlich wie in Luft auf und hinterließ eine leere Fläche. Mein Blick suchte die gegenüberliegende Seite des Himmels ab und entdeckte dort eine weitere Wolke: Sie sah exakt wie mein Vater aus, der mich anschaute. Mein Dad war 2001 unerwartet gestorben, deshalb traten mir jetzt die Tränen in die Augen. Ein überströmendes Gefühl der Liebe und Wärme erfasste mich. Das Erlebnis war wie eine Bestätigung, dass dieser wunderbare Mensch noch gegenwärtig ist, über mich wacht und mir zeigt, dass ihm mein Wohl am Herzen liegt.
Dieser Anblick verschwand schließlich genauso schnell wie der andere, aber jetzt erfüllt mich ein neuer Glaube an Engel und Geistwesen. Die flüchtigen Blicke in ihre Welt haben mir Liebe, Freude und Hoffnung geschenkt.

So sehr es wie ein Klischee klingen mag: Richtet man in der Not den Blick auf die Wolken, kann das durchaus helfen, sich von etwas zu lösen, das einem Sorgen macht. Die Engel

wollen Sie ja in schweren Zeiten unterstützen – und sie liefern Ihnen auch den Beweis dafür. Wenn Sie das nächste Mal emotional aufgewühlt sind, sich bei negativen Gedanken ertappen oder sich schlichtweg über etwas aufregen, visualisieren Sie, wie Sie Ihren Kummer den Engeln übergeben. Blicken Sie zu den Wolken empor – dann werden Sie wie Carolyn Ota das Gefühl haben, dass sich die Last buchstäblich von Ihnen hebt:

Vorletzten Sommer verlor ich meine Stelle. Es war schon die zweite Kündigung innerhalb von knapp zwei Jahren, und mit meinen 50 Jahren war ich deshalb am Boden zerstört, verletzt und wütend. Es ließ mich anscheinend nicht mehr los, und ich machte mich regelrecht krank vor Sorgen. Ich hatte zwar gerade »Die Heilkraft der Engel« gelesen, aber für mein Gefühl war nichts von der Botschaft wirklich bei mir angekommen.

Kurze Zeit später fuhren mein Mann und ich von unserem Zuhause in Kalifornien zu einer Familienfeier in Arizona. Während er am Steuer saß, versuchte ich mich zu entspannen, merkte aber, wie ich immer wieder diesen ganzen negativen Unsinn in meinem Kopf wiederkäute. Schließlich wurde mir klar, dass ich diese Last einfach in die Hände der Engel geben sollte. Also drehte ich die Rückenlehne des Beifahrersitzes nach hinten und richtete den Blick zu den Wolken. Während der ganzen sechsstündigen Fahrt zeigten sich mir wunderschöne Gebilde, die wie die Gestalt himmlischer Engel aussahen. Eine wohltuende Stille senkte sich über mich, verbunden mit dem Gefühl, all jenen verzeihen zu können, die mich verletzt hatten. Für mich war es ein Gefühl, als hätte ich

einen wichtigen Meilenstein hinter mir gelassen und könnte nun mein Leben fortsetzen.

Da ich jetzt arbeitslos war, konnte ich einen ganzen Monat lang mit meiner Familie Urlaub auf den griechischen Inseln machen. Davon hatten wir schon lange geträumt und es war nur möglich geworden, weil ich gerade keine beruflichen Verpflichtungen hatte. Und nach meiner Rückkehr gingen drei Stellenangebote bei mir ein! Ich entschied mich für einen Job an der Highschool meiner Tochter. Allein das schon hat sich als wahrer Segen entpuppt!

Wir alle kennen den Spruch: »Probleme sind nichts anderes als gut getarnter Segen.« Das ist nur allzu wahr. Aber bevor man den Segen erkennt, der sich hinter einem Problem verbirgt, erlebt man oft sorgenvolle oder deprimierte Tage. Da wir uns alle auf einem Lebensweg befinden, können bestimmte Ereignisse erst dann eintreten, wenn wir die entsprechende Weggabelung erreicht haben. Es nützt nichts, etwas zu überstürzen; der Zeitpunkt ist immer von göttlicher Hand gelenkt. Die Antworten mögen jetzt also nicht offensichtlich scheinen, aber bitten Sie die Engel einfach um ein Zeichen, dass am Ende alles gut wird. Es wird Ihnen mit Sicherheit geschenkt – wie Joe Hoftiezer erleben konnte:

Meine Jugendzeit war eine sehr schwierige und einsame Phase in meinem Leben. Mit Anfang zwanzig ging ich aufs Gemeindecollege und wohnte zu Hause bei meinen Eltern. In

dieser Zeit fiel mir ein Buch über Engel in die Hände, in dem es darum ging, wie man mit Engeln arbeiten kann. In einem Abschnitt hieß es, man müsse seine Schutzengel bitten, sich in sein Leben einzuschalten, dann kämen sie auch zu Hilfe. Das ließ ich mir nicht zweimal sagen.

Damals machte ich einiges durch, das mich sehr verletzte, und ohne dass es mir im Geringsten klar war, befand ich mich inmitten einer tiefen Depression. Ich hatte nicht wirklich die Erwartung, dass meine Bitte um Hilfe etwas bringen würde, und doch tat sich etwas, und zwar gar nicht lange nachdem ich mich an die Engel gewandt hatte.

Ich war gerade auf dem Weg zur Schule und musste dabei einen steilen Hügel hinauf. Es war frühmorgens, der Himmel noch von der Morgendämmerung gefärbt, als sich mit einem Mal eine Wolke in der perfekt ausgebildeten Gestalt eines Engels mit quer über den Himmel ausgebreiteten Flügeln – klatsch – mitten in mein Sichtfeld schob.

Ich war so überwältigt vor Überraschung und Freude, dass es mir die Tränen in die Augen trieb. Es hatte tatsächlich gewirkt: Die Engel hatten mich erhört! Für den Rest des Tages schwebte ich im siebten Himmel. Wenn ich heute an die Dramatik und Schönheit dieses Moments zurückdenke, muss ich noch immer lächeln. Nicht dass danach plötzlich alles nur rosarot gewesen wäre, aber ich fühlte mich weniger allein und hatte mehr Hoffnung. Ich wusste, dass die Engel real sind und dass sie mich begleiten. Und ich fand mein Lächeln wieder, wann immer sich dieser Lichtblick in meine Erinnerung drängte.

Es ist schon erstaunlich, dass beiläufige Gedanken manchmal in Wahrheit Botschaften sein können. Im folgenden Bericht zeigt Kelly-Sue, dass uns die Engel Zeichen geben, die dazu beitragen, eine scheinbar tragische Situation in etwas Heilsames umzuwandeln, das bestehende Bande verstärkt. Beim Anblick einer Wolke wurde ihr klar, welche Geschenke das Leben für sie bereitgehalten hatte. Zu wissen, dass das eigene Dasein und das Leben der Menschen, die einem am nächsten stehen, einen Sinn hat, ist eines der bedeutendsten Geschenke. Es wartet auch auf Sie!

Ich saß im Garten hinter unserem Haus, und meine Gedanken waren bei meiner Mutter und meinem Sohn. Auf einmal überkam mich eine tiefe Liebe, unendlich viel Wertschätzung für die beiden, und mein Herz wurde ganz weit. Noch nie zuvor hatten mich Gefühle so überwältigt.

Als ich zum Himmel hinaufschaute, bemerkte ich jetzt zwei Wolken. Sie sahen aus wie ein riesiger Engel, der einen kleineren an der Hand hält. Ich wusste, dass sie meine Mutter und meinen Sohn darstellten und war fassungslos.

Zwei Wochen später wurde bei meiner Mutter Krebs in einem weit fortgeschrittenen Stadium festgestellt. Ich übernahm einen Großteil ihrer Pflege, und das Band zwischen uns vertiefte sich. In Zeiten völliger Verzweiflung fielen mir immer wieder die Engelwolken ein, und das half mir, für meine Mutter stark zu sein. Fünf Monate später starb sie.

Ich ging durch eine tiefe Traurigkeit (wie es wohl jedem erginge), und manchmal gerate ich auch heute noch an diesen Punkt. Das hier niederzuschreiben, hat mir die Gewissheit

geschenkt, dass meine Mutter an einem Ort der Geborgenheit und des Lichts ist. Ihre mütterliche Liebe trägt mich noch immer.

Die Engel verlangen von uns nicht mehr, als dass wir auf ihre Botschaften hören und ihnen Glauben schenken. Weil sie nicht dazu da sind, unser Leben zu kontrollieren, besteht ihre machtvollste Tat manchmal darin, uns zu trösten. Die Zeichen der Engel geben uns dann zu verstehen, dass wir nicht allein sind und dass wir uns auf dem richtigen Weg befinden. Probleme, die uns wie gigantische Hindernisse erscheinen, schrumpfen auf bloße Rüttelschwellen zusammen, die uns zum Langsamfahren zwingen, wenn wir die Macht und Liebe des Himmels spüren. Dann wird uns klar, dass die Engel an unserer Seite sind – wie Hiroko Iwasas Geschichte zeigt:

Meine Lebensperspektive hat sich sehr gewandelt, seitdem ich Engel in den Wolken gesehen habe. Vor drei Jahren gab ich meinen Job auf und brachte mir autodidaktisch bei, Aromatherapie zu praktizieren. Ein paar Monate später qualifizierte ich mich offiziell dafür, in einer privaten Einrichtung Aromatherapie-Seminare anzubieten.

Mir machte es Spaß, diese Workshops abzuhalten – bis immer mehr Leute absprangen und meine Einkünfte so extrem schrumpften, dass ich nicht einmal mehr Material für die nächsten Kurse kaufen konnte. Also besserte ich mein Einkommen durch eine Teilzeittätigkeit in einem Callcenter auf.

Es war ein sehr stressiger Job, der meine Gesundheit zunehmend in Mitleidenschaft zog. Der Stress und meine gesundheitlichen Probleme wiederum wirkten sich nicht gerade vorteilhaft auf die paar verbliebenen Teilnehmer meiner Aromatherapie-Seminare aus.

Achtzehn Monate später kam ich von einem Kurs nach Hause und war völlig ratlos, wie es weitergehen sollte. Auf verzweifelter Suche nach Hilfe wandte ich mich an meinen Schutzengel und flehte: »Engel, bitte hilf mir! Ich bin mit meiner Geduld am Ende.«

Ich blickte zum Himmel hinauf – und siehe da: Dort waren drei Wolken, deren Form Engeln glich! Sie schienen gleichsam zur Erde herunterschweben zu wollen. Von diesem Tag an ging es mir gesundheitlich immer besser.

Drei Tage später erhielt ich ein unerwartetes Geschenk: ein Kartendeck der Erzengel-Orakelkarten, dazu ein Angebot, kostenlos für meine Aromatherapie-Kurse werben zu dürfen. Nachdem mein Gebet erhört worden war, konnte ich meinen Callcenter-Job aufgeben und mich auf Vollzeitbasis darauf konzentrieren, Aromatherapie zu unterrichten. Jetzt, wo mir die Existenz der Engel bewusst gemacht wurde, hat sich mein Leben zum Bessern gewandelt.

Eine ähnliche Situation wie Hiroko haben viele schon erlebt: Sie bekamen die Botschaft, einen Allerweltsberuf aufzugeben und einer Tätigkeit nachzugehen, die ganzheitlicher war und mehr auf Heilung abzielte. Sollte es Ihnen

ebenso ergehen, dann ist Ihnen wahrscheinlich schon aufgefallen, dass Ihr Drang, sich in einem Bereich selbstständig zu machen, der auf einem spirituellen Fundament basiert, mit jedem Tag zunimmt.
Wenn uns die Engel einen derart enormen Sprung ins kalte Wasser abverlangen, liegt es oft daran, dass unser Dasein einem höheren Zweck dient und dass es an der Zeit ist, entsprechend zu handeln. Bitten Sie die Engel um ein Zeichen, das darauf verweist, dass Ihre Eingebung zutrifft und dass am Ende alles gut gehen wird. Versuchen Sie nicht, auf Biegen und Brechen eine schnelle Antwort zu erzwingen – bitten Sie einfach darum und leben Sie weiter Ihr Leben. Die Engel werden nicht vergessen, Ihnen die Antwort zukommen zu lassen – auf eine Weise, die Sie begreifen werden.
Die Wolken der Engel sind physische Zeichen dafür, dass sie rund um die Uhr bei uns sind. Wenn wir die Engel am meisten brauchen, etwa in Zeiten der Trauer, schenken uns die leuchtenden Wegweiser am Himmel die Bestärkung, die zur Heilung führt – wie Marge Jones berichtet:

Pat, eine enge Freundin von mir, lag seit 57 Tagen im Krankenhaus, als sie die folgenschwere Entscheidung traf: Die Geräte, die sie am Leben erhielten, sollten abgeschaltet werden. Die Ärzte hatten ihr gesagt, ihr Herz sei so schwer geschädigt, dass man nichts mehr für sie tun könne; selbst mit einer Herztransplantation habe sie keine Überlebenschancen. Nachdem ich von ihrem Mann die gefürchtete Nachricht erhalten hatte, stand ich vor Trauer völlig neben mir. Doch als ich eine Weile später den Blick aus dem Esszimmerfenster zum Himmel richtete, entdeckte ich dort ganz deutlich

eine Wolke in Engelgestalt. Sofort war mir klar, dass Pat im Begriff war, auf die Andere Seite zu gehen, und dass sie sich nun von mir verabschiedete. Ich wurde ganz ruhig und hatte das Gefühl, dass sie sich jetzt an einem besseren Ort befand. Fast zur gleichen Zeit blickte Jackie, Pats Schwester, die rund 100 Kilometer entfernt wohnt, bei sich aus dem Fenster und sah einen Regenbogen am Himmel. Es hatte gar nicht geregnet, von daher war der Anblick schon seltsam. Auch Jackie wusste sofort: Pat sagte ihr auf diese Weise, dass sie im Himmel angekommen war.

Manchmal tun wir Botschaften ab, wenn wir sie unmittelbar nach einem Gebet erhalten oder wenn wir allzu leicht die Zeichen sehen. Die Übermittlung scheint uns zu glatt gelaufen zu sein, es kommt uns nicht »mystisch« genug vor. In diesem Fall halten sich die Engel so lange zurück, bis der richtige Moment gekommen ist, um uns zu zeigen, dass sie real sind und uns zur Seite stehen. Mitunter zeigen sich die Zeichen erst dann, wenn wir schon beinahe den Glauben an sie verloren haben. Aber vergessen Sie nie, dass sie auf jeden einzelnen Menschen und jede Situation genau zugeschnitten sind. Denken Sie daran, dass Sie keine besonderen Begabungen brauchen, um mit Engeln zu sprechen und sie zu hören. Sie brauchen nichts als ein gläubiges Vertrauen – wie Janet Ferguson herausfand:

Ich hatte schon eine Zeit lang versucht, mit meinen Engeln Kontakt aufzunehmen – bislang ohne Erfolg. Jeden Abend

widmete ich mich meiner »Zeit für die Engel«: Ich setzte mich hin, sprach zu ihnen, zog Orakelkarten, schrieb ihnen Briefe oder meditierte und lauschte, ob ich ihre Antworten hörte.

Wenn ich eine Antwort erhielt, zweifelte ich sie allerdings schnell an und war überzeugt, dass nur meine Fantasie mit mir durchging oder dass alles reines Wunschdenken war. Dennoch bat ich meine Engel Tag für Tag um Führung, Schutz und Zeichen und flehte immer wieder: »Ihr Engel, ich weiß, dass ihr da seid, aber bitte gebt mir doch ein Zeichen!«

Mein Leben war damals völlig in Aufruhr: Ich hatte Probleme in meiner Beziehung, Schwierigkeiten mit meinen Kindern und Eltern und zu allem Überdruss noch Geldsorgen. Ich wurde immer bedrückter, ließ aber nicht locker, meine Engel um Hilfe zu bitten.

Nachdem ungefähr sechs Wochen verstrichen waren, ohne dass mir ein Zeichen von den Engeln auffiel, kam mir der Gedanke, das Ganze sei wohl eine ziemliche Zeitverschwendung. Vielleicht, so dachte ich, hielt ich ja an einer Vorstellung von etwas fest, das einfach nicht real war. Es war noch gar nicht lange her, dass ich mich überhaupt als jemand outete, die sich mit spirituellen Dingen befasst. Insofern kam ich mir regelrecht töricht vor, dass ich in letzter Zeit daran geglaubt hatte. Mein Partner machte sich ohnehin schon über mich lustig, und ich erlag zunehmend der Versuchung, zu überlegen, ob er wohl recht hatte: Es gab keine Engel!

Und doch gab es da diesen kleinen Teil tief in meinem Inneren, der einfach wusste, dass Engel real sind. Im Juni 2007 besuchte ich Doreens Seminar in London und dachte bei mir, dass sich all diese Leute dort doch unmöglich irren konnten!

Eines Morgens stand ich also ganz früh auf, stellte mich ans

Fenster und richtete ein ernstes Wort an die Engel. Ich erzählte ihnen von meinen Problemen, Sorgen und Ängsten. Ich bat um einen festeren Glauben und ein stärkeres Vertrauen und erklärte, wie sehr ich sie brauchte. Ich bat darum, Erzengel Michael möge alle Blockaden aus dem Weg räumen, die mich davon abhielten, ihre Führung zu sehen oder zu hören. Ich verlangte buchstäblich ein Zeichen, das mir sagen sollte, dass es sie wirklich gab und dass sie auf mich achtgaben: »Ich muss wissen, dass ihr mich hört, oder ich gebe das Ganze auf!«

Genau in diesem Moment erspähte ich durchs Fenster etwas ganz Erstaunliches: Dort draußen in den Wolken fand sich die mächtige Gestalt eines männlichen Engels mit riesengroßen Flügeln, die an seinen Schultern wuchsen. Er saß auf einem Thron und hielt etwas in seiner rechten Hand. Die Wolke hatte enorme Ausmaße, und Sonnenlicht durchströmte sie. Ich sank auf der Stelle auf die Knie und weinte. Mit tränenüberströmtem Gesicht beobachtete ich das Gebilde, bis es schließlich verschwand. Während ich es ansah, fühlte ich eine Liebe wie nie zuvor. Ich wusste, dass von da an alles gut werden würde. Ich glaube, die Wolke war Erzengel Michael mit seinem Schwert in der Hand.

Seitdem habe ich viele kleine Zeichen bemerkt, die mir sagten, dass die Engel bei mir sind, und jedes davon verleiht mir Kraft und ein Gefühl von Sinn, das mir hilft, weiterzumachen. Meine Beziehung beginnt plötzlich zu heilen, und mit meinem Leben läuft es zunehmend besser. Ich fühle mich geborgen, geliebt und geschützt. Ich spreche jetzt regelmäßig mit meinen Engeln. Sie sind Freunde, die mich nie verlassen und täglich 24 Stunden bei mir sind, Tag für Tag, Woche für Woche.

Falls sich einer von euch gerade mit dem Gedanken trägt,

aufzugeben: Bitte nicht! Ich habe lange gebraucht, um Kontakt mit meinen Engeln herzustellen. Aber es war allemal die Mühe wert.

Es ist immer tröstlich, Botschaften zu bekommen, die einem zeigen, dass man nicht allein ist. Die folgende Geschichte von Dawn Simpson zeigt, dass die Engelwolke, die zu einem geschickt wird, umso größer ist, je dringender der Trost gebraucht wird:

Eines Nachts fuhr ich mit einer Freundin von Boston nach Hause und fühlte mich ziemlich unbehaglich dabei, mich um elf Uhr nachts in einer fremden Gegend orientieren zu müssen. Nervös bat ich die Engel, mich sicher nach Hause zu geleiten.
Im selben Moment bemerkte ich eine riesige Wolke in Gestalt eines Engels über meinem Auto. Ich wies meine Freundin auf sie hin, und sie konnte es nicht fassen. Als ich ihr sagte, dass ich um Führung gebeten hatte, fand sie das überaus spannend – immerhin war es ihre erste Erfahrung mit Engeln.

Bittet man die Engel um Hilfe und glaubt an die Botschaften, die sie übermitteln – wie etwa Wolken in Engelsform und dergleichen mehr –, können einen die himmlischen Wesen in jeder schwierigen Lebensphase bei der Hand halten. Sue Mazza erinnert sich an solche Situationen:

Sobald das Leben besonders anstrengend wird, habe ich den Eindruck, dass meine Engel mir aufmunternde Zeichen schicken. Ich arbeite im Einzelhandel, und wenn ein Tag einmal besonders heftig ist, kommt zum Beispiel prompt jemand an die Kasse, der ein T-Shirt mit der Aufschrift »Angel« (Engel) trägt, oder mir begegnet etwas, das mich an die Engel erinnert. Einmal kam ein alter Herr auf mich zu und meinte, er werde für mich ein Fleckchen im Himmel reservieren – nicht für gleich, sondern für irgendwann in ferner Zukunft. Zuerst fand ich seine Worte seltsam, bis ich zum Himmel hinaufblickte und dort eine wunderschöne rosafarbene Wolke sah, die die Umrisse eines Engels hatte. Für mich war dieser Anblick wie ein Zeichen, dass ich mich auf dem richtigen Weg befand.

Nicht genug damit, dass Wolken in Engelgestalt am Himmel auftauchen – die himmlische Führung wird zudem oft von dem Gefühl oder Impuls begleitet, unbedingt den Blick in eine bestimmte (ungewöhnliche) Richtung lenken zu müssen oder sich irgendwohin zu begeben, wo wir gewöhnlich nicht hinkommen. Wenn dies das nächste Mal geschieht: Nutzen Sie die Chance! Sie können nie wissen, womit der Himmel Ihnen aufwartet – wie Sandy Mayor bei einem ihrer ersten Engel-Erlebnisse erfahren durfte:

Ich war bei einem esoterischen Workshop und sah mich dort mit meinen größten Ängsten konfrontiert. In meiner Not rief ich Gott und meinen Engeln zu, mir zu helfen, mich zu halten und zu führen.

An jenem Nachmittag erlebte ich im Workshop einen wahren Durchbruch. Und als wir das Gebäude verließen und eine viel befahrene Straße überquerten, brachte mich mit einem Mal etwas dazu, ein Stück weit nach links zu treten und nach oben zu sehen. Ich blieb wie angewurzelt mitten auf der Straße stehen, so groß waren mein Schock und mein Staunen. Mir blieb der Mund offen stehen und ich brachte zunächst kein Wort hervor, sodass ich nur stumm auf den Himmel deutete. Bis dann eine Stimme aus mir hervorbrach, die ich kaum als meine eigene erkannte: »Schau mal, da ist ein Herz!« Es war ein riesiges, formvollendetes Herz, das aussah wie frisch an den Himmel gemalt. Es war Gottes Zeichen für mich, dass alles bestens war und dass ich sehr geliebt wurde.
Mir wird immer noch ganz warm ums Herz, wenn ich daran denke, wie die Engel sich in unseren Alltag einschalten.

Die Engel vermitteln Ihnen das Wissen, dass Sie etwas Besonderes sind und geliebt werden. Wenn Sie mit ihnen Kontakt aufnehmen, können erstaunliche Dinge geschehen. Dann wird Ihnen klar, dass Wunder etwas ganz Reales sind – wie die folgende Geschichte von Joy Roach bezeugt:

Eines frühen Morgens trat ich auf die Veranda meines Apartments, um die Gebete zu sprechen, mit denen ich den Tag begann. Der Himmel war sehr bedeckt, und aus allen Richtungen zogen dunkle Wolken auf. Ich sprach meine Gebete und visualisierte am Schluss, wie das weiße Licht des heiligen Geistes mich umgibt, während ich Anrufungen an die

Erzengel richtete. Ich versuchte mir bildlich vorzustellen, wie jeder Erzengel meine Aura mit einem Lichtstrahl in der ihm entsprechenden Farbe füllt.

Als ich damit fertig war und die Augen öffnete, hatte sich unmittelbar vor mir ein Stück strahlend blauen Himmels aufgetan, aus dem ein gleißend heller Lichtstrahl hervorströmte. Links und rechts von mir bestanden die schwarzen Wolken fort, aber direkt über mir war es vollkommen klar und wolkenlos!

Bis heute fällt es mir schwer, die reine Freude zu beschreiben, die ich in diesem Moment empfand. Ich fühlte mich wirklich gesegnet, und die positiven Empfindungen dieser kostbaren Momente blieben mir noch lange Zeit erhalten. Ich freue mich schon auf weitere Erfahrungen dieser Art – nicht zur Bestätigung, denn die brauche ich nicht mehr, sondern rein um der Freude willen, sie erleben zu können.

Die Engel überbringen uns außerdem tröstliche Botschaften lieber Verstorbener. Sehr oft stellen sie sich in Form von Zeichen ein: Wolken in Engelsform, Schmetterlinge, Vögel oder persönliche Symbole. Wenn es zwischen Ihnen und einem Menschen, den Sie verloren haben, etwas geben sollte, das noch der Klärung bedarf, oder wenn Sie sich nach der Gewissheit sehnen, dass es dem oder der Betreffenden gut geht, dann bitten Sie einfach den Himmel, dies noch abschließen zu können – wie es auch Nancy Woodside tat:

Nachdem mein Vater verstorben war, verstreuten wir seine Asche in einer entlegenen Wüstengegend, wo wir früher oft gecampt hatten. Es ist ein wunderschöner Ort, umgeben von Hügeln in allen erdenklichen Farben.
Eines Tages statteten mein Mann und ich der Ruhestätte meines Vaters einen Besuch ab. Ich begab mich allein zu einem kleinen Canyon hinauf, um dort zu meditieren und mit Dad zu reden. Dabei vergoss ich viele Tränen und bat ihn um ein Zeichen, dass wir die richtige Stelle für ihn ausgewählt hatten.
Als ich daraufhin zum Himmel hinaufsah, von dem die Wände der Schlucht nur einen begrenzten Teil sichtbar werden ließen, erblickte ich zwei Kondensstreifen, deren Bahn sich schnitt, sodass sich ein prächtiges Kreuz ergab. Dann schob sich wie von Zauberhand die blasse Mondsichel in mein Blickfeld und wirkte wie ein breites Lächeln am Himmel. Und da musste ich ebenfalls lächeln – wusste ich doch in diesem Moment, dass wir das Richtige getan hatten.

Falls Ihnen subtile Zeichen nicht reichen, liefern Ihnen die Engel gerne auch solche, die unübersehbar und gewichtig sind. Maria Marino brauchte ein unmissverständliches Zeichen, und sie erhielt es auch:

Ich bat die Engel um Hilfe, damit meine Zwillinge in eine wunderbare, »göttliche« Schule aufgenommen würden, die genau für sie richtig wäre. Glauben Sie mir, in Manhatten

können alle Eltern, die Zwillinge haben, nur auf ein Wunder hoffen, wenn es um einen Platz in einem guten Kindergarten geht. Nun, die Engel gaben mir immer wieder ein, ich solle Geduld haben – so lange, bis ich schon dachte, es würde nie etwas daraus.

Immer wieder fiel mein Blick auf Federn: Sie lagen auf der Erde, wo ich auch ging und stand – eine Bestätigung, dass die Engel hinter den Kulissen fleißig mithalfen. Aber als nach geraumer Zeit noch kein Schulplatz für meine Söhne in Aussicht war, packten mich doch heftige Zweifel, ob sie überhaupt irgendwo aufgenommen würden.

Eines Abends hatte ich ganz deutlich die Eingebung, nach draußen zu gehen ... Und siehe da, quer über den Himmel, direkt über unserem Haus, erstreckte sich unübersehbar eine riesige Wolke in Form einer Feder. Sie blieb vielleicht zehn Minuten bestehen, dann löste sie sich auf. Es war ein perfekt gelungenes und unmissverständliches Zeichen, das ich von künstlerischer Engelhand erhalten hatte. Schließlich hatte ich um ein klares Zeichen von ihnen gebeten! Nun, ich hatte es bekommen.

Schon am nächsten Morgen erhielt ich einen Anruf vom Rektor einer fantastischen Schule: Meine Jungs waren in der Tat wie durch ein Wunder angenommen worden.

Die Tatsache, dass Marias Wolke wie eine riesige Feder aussah, half ihr, loszulassen und zu vertrauen, dass das Richtige geschehen würde. Federn sind ein weit verbreitetes Zeichen des Himmels, da wir sie mit Engelsflügeln in Verbindung bringen.

Im nächsten Kapitel werden Sie lesen, dass die Federn, die

Ihnen auf mysteriöse Weise unterkommen, tatsächlich göttlicher Herkunft sind.

Kapitel 2

Gefundene Federn

Können Sie sich eine passendere Visitenkarte für einen Engel vorstellen als eine Feder? Die Engel platzieren diese besonderen Gaben oft an höchst ungewöhnlichen Stellen. Wir haben schon welche im Innern von Beleuchtungen gefunden, in geschlossenen Fahrzeugen, und einmal sogar in einem Aufzug. Federn sind vielleicht überhaupt *das* Zeichen der Engel. Wenn wir von unserer persönlichen Erfahrung ausgehen, dann bestätigten sie immer wieder auf tröstliche Weise, dass wir die Antwort auf eine Frage oder Situation bereits kannten.

Obwohl Federn die unterschiedlichsten Größen und Farben aufweisen, sind sie doch verblüffende Zeichen des Himmels, da die Art ihres Auftretens unmittelbar mit dem Gedanken, dem Gebet oder der Frage verbunden ist, die Sie im Sinn hatten. Selten wird es vorkommen, dass die Engel für Sie eine Feder zurücklassen und Sie nicht wissen, was sie bedeutet. Entweder stoßen Sie auf ein Exemplar, während Sie an etwas denken, oder Sie haben gleich die entsprechende Assoziation, sobald sie es entdecken.

Die folgende Sammlung von Geschichten rund um Federn als Zeichen von oben belegt wunderschön, wie sehr die Engel wollen, dass wir uns auf unsere Gedanken und unsere Intuition verlassen.
Beginnen wir mit Xanthea Hayes. Sie begriff ihre Feder als ein Zeichen, loszulassen und dem Universum zu vertrauen:

Ich hatte gerade meinen ersten, nagelneuen Wagen erworben, und meine Sorge, ich könnte in einen Unfall verwickelt werden, war nicht gering, da ich es finanziell nicht geschafft hätte, größere Reparaturen zu bezahlen. Also betete ich jeden Morgen um Schutz für meinen Wagen und alle, die in ihm unterwegs waren.
Als ich eines Morgens auf der Fahrt zur Arbeit besonders gestresst war, nahm ich plötzlich wahr, dass etwas am Ärmel meiner Bluse hing: eine makellos schöne weiße Feder! Während ich sie betrachtete, spürte ich, wie mich eine Welle von Liebe durchflutete. Und ich wusste, die Feder war dort platziert worden, um mich zu erinnern, dass immer für mich gesorgt wurde und dass ich nie allein war.
Die Feder konnte an diesem Vormittag keineswegs auf »normale« Weise an meinen Ärmel geraten sein. Ich besitze kein Daunenkissen, wir halten keine Vögel; weit und breit im Haus oder im Wagen gab es sonst keine weiteren Federn.

Sollten Sie sich jemals allein oder von allen verlassen fühlen, bitten Sie die Engel, Ihnen tröstliche Zeichen ihrer

Nähe zu geben. Die Chancen stehen gut, dass Ihnen Federn geschickt werden – wie Elizabeth LaFontaine ausführt:

Nachdem ich mein Leben lang in der gleichen Stadt gelebt hatte wie meine ganze Familie, war ich vor Kurzem in einen anderen Ort gezogen. Es fiel mir wirklich schwer, da ich mich gerade erst an der Highschool eingeschrieben hatte. Plötzlich war ich weg von allem, was mir vertraut war. Unglücklicherweise lag auch noch mein Großpapa zu dieser Zeit im Krankenhaus. Ich ließ jeden Tag auf mich zukommen. Doch im November starb mein Großvater. Ich vermisste ihn so sehr, da er immer ein Teil meines Lebens gewesen war. Ich war ja ohnehin noch damit beschäftigt, mich mit all dem Neuen und den fremden Leuten um mich herum zu arrangieren.

Damals fand ich plötzlich Federn, sooft ich an meinen Opa dachte, vor allem an den Tagen, an denen mir traurig zumute war und ich mich verloren und unsicher fühlte. Sie lagen vor meiner Haustür, wenn ich nach draußen trat. Ich fand sie unterwegs auf der Straße, wenn ich zu einem Spaziergang aufbrach. Jedes Mal, wenn ich auf eine Feder stieß, musste ich unwillkürlich lächeln. Und mir wurde warm ums Herz bei dem Gedanken, dass alles in Ordnung war, so wie es war. Es baute mich innerlich auf, gab mir ein Gefühl der Geborgenheit und stimmte mich froh. Ich spürte, dass auch mein Großpapa glücklich war und dass sich alles so verhielt, wie es sein sollte. Danke, ihr Engel, danke, Opa!

Elizabeth fand heraus, dass sie nicht allein war – und Sie sind es ebenso wenig. Sie sind stets von liebevollen Schutzengeln umgeben, die Sie behüten. Wenn Sie sich damit schwertun,

ihre Gegenwart zu spüren, bitten Sie die Engel, Ihnen ein deutliches Zeichen von oben zu schicken.
Die Geschichte von Kathaline Schoonen stellt ein herzerwärmendes Beispiel dar, wie natürlich es für Kinder ist, Engel mit Federn in Verbindung zu bringen:

Vor ein paar Monaten hatte mein neunjähriger Sohn Ezra an einem Schulsporttag im Park gleich hinter unserem Haus die Gelegenheit, sein sportliches Talent zu entdecken. Am Ende des Tages fand er schließlich eine wunderschöne große weiße Feder, die ihm viel bedeutete. Sie bekam einen Ehrenplatz in seinem Zimmer.
Am nächsten Tag aß mein Sohn bei einem Freund zu Mittag. Dessen Mutter fragte die beiden Jungen, ob sie eine Engelkarte ziehen wollten. Ezra konzentrierte sich und wählte prompt eine Karte, auf der stand: »Wenn du eine weiße Feder findest, sind deine Engel dir sehr nah.«
Er freute sich riesig über diese Bestätigung, und als er wieder nach Hause kam, platzierte er die Feder oberhalb seines Betts. Dann starb unser hoch betagter, süßer Hund Pelle. Ezra und ich begruben unseren geliebten Vierbeiner und legten die Feder zu ihm ins Grab.

Ezra ließ die Feder bei seinem vierbeinigen Freund als Symbol dafür, dass die Engel immer ganz nahe bei ihm sind. Die Herausforderung bei der Arbeit mit Engeln liegt nicht nur darin, offen für ihre Zeichen zu sein: Man muss auch zu dem grenzenlosen Glauben und Staunen zurückfinden, mit dem Kinder natürlicherweise ausgestattet sind. Von unseren Kindern können wir eine Menge lernen, und wir

machen Fortschritte, wenn wir auf die Engel und uns selbst vertrauen.

Im Zweifelsfall sollten wir jedoch nach den Zeichen Ausschau halten – wie Carmen Carignan herausfand:

Sooft ich verwirrt oder ängstlich oder überfordert bin, schicken mir die Engel bestätigende Zeichen, um mir zu zeigen, dass ich auf dem richtigen Weg bin. Eine Situation vor zwei Jahren bildete hier keine Ausnahme:

Ich bin Krankenschwester auf der Entbindungsstation eines kleinen städtischen Krankenhauses. Unsere Station zeichnet sich dadurch aus, dass wir einen Umgang mit dem Gebärvorgang praktizieren, bei dem möglichst wenig eingegriffen wird. Aufgrund dieser Philosophie sind wir führend im Hinblick auf Wassergeburten, die ja eine sehr sanfte Methode darstellen, wenn neue Erdenbürger zur Welt kommen.

Da man in schulmedizinisch orientierten Kreisen jedoch auf Wirksamkeitsbeweise pocht und es an Forschungsergebnissen zum Thema Wassergeburten mangelt, gelten sie hierzulande als »potenziell schädliches Experiment«. Also beschloss ein kleines Team von uns, eigene Untersuchungen durchzuführen, die belegen sollten, dass Wassergeburten ungefährlich sind. Diese Erkenntnisse sollten dann landesweit in medizinischen Fachzeitschriften publik gemacht und in Vorträgen vorgestellt werden.

Während unserer Überlegungen zum weiteren Vorgehen wurde uns bewusst, dass wir uns da ein riesiges Projekt zugemutet hatten. Zwei Mitglieder unseres Teams waren bereits ausgestiegen, und wir fragten uns, ob die Studie die Sache wert war. Wir hatten uns um einen großen Besprechungstisch

versammelt, vor uns lag ein Stapel Literatur zum jetzigen Forschungsstand. Während wir darüber nachsannen, ob wir die Sache weiter vorantreiben sollten, fiel mir eine kleine flauschige Feder auf, die langsam von der Decke herabsegelte und direkt auf den Büchern landete. (Noch ein weiteres Mitglied unseres Teams bemerkte es.) Ich bekam auf der Stelle eine Gänsehaut. In diesem Moment wusste ich, dass wir weitermachen mussten. Die Engel würden uns bei jedem Schritt auf dem Weg sachte führen.

Das liegt jetzt rund zwei Jahre zurück. Die Statistiken wurden zusammengetragen, und die erste Phase unseres Projekts ist abgeschlossen. Man hat uns inzwischen schon bei zwei Gelegenheiten gebeten, vor medizinischem Fachpublikum darüber zu sprechen. Demnächst werden unsere Erkenntnisse in Fachzeitschriften veröffentlicht.

Gott sei Dank verliehen die Engel uns an diesem Tag den Mut, weiterzumachen! Mich erfüllt noch immer Ehrfurcht und große Dankbarkeit für ihre sanfte Führung.

Ist es nicht tröstlich, zu wissen, dass die Engel für Sie und jeden anderen Menschen gegenwärtig sind und Frieden und Freude über den ganzen Planeten verbreiten?

Karen Forrest lässt uns an einer beeindruckenden Geschichte teilhaben, die zeigt, wie zuverlässig die Engel reagieren, wenn sie gebeten werden, Zeichen ihrer Gegenwart zu hinterlassen:

Mein Mann Wayne und ich befanden uns auf einer elftägigen Traumreise, die uns nach London und Paris führte. Unser Urlaub war halb vorbei, als mir bewusst wurde, dass ich an

diesen Tagen gar nicht mehr meinen regelmäßigen spirituellen Übungen nachgegangen war: Weder meditierte ich, noch benutzte ich die Engelkarten. Ich musste mich vergewissern, dass die Engel da waren, auch bei meiner Sightseeing-Tour hier in Übersee, und so wandte ich mich bei einer Besichtigung der Nationalgalerie in London an sie: »Meine Schutzengel, ich weiß, ihr seid immer bei mir, aber ich muss jetzt eure Gegenwart spüren. Könntet ihr mir bitte ein Zeichen geben, dass ihr noch an meiner Seite seid?«

Ich setzte meinen Rundgang durch das Museum fort – und stieß unmittelbar danach auf zwei gigantische, künstlerisch exquisite Darstellungen von Erzengel Michael! Da er der Erzengel ist, den ich am allerhäufigsten anrufe, bedeutete es mir viel. Ich spürte, wie mich eine warme Liebe durchflutete. Ein paar Minuten später – ich war noch immer im Museum – landete eine kleine weiße Feder neben meinen Füßen, und ich spürte ganz deutlich die Gegenwart meiner Schutzengel.

Am nächsten Tag, als wir gerade die südenglische Stadt Bath erkundeten, landete eine große weiße Feder vor mir. Um uns herum waren keine Menschen; zu diesem Zeitpunkt flogen auch keine Vögel über uns. Drei weitere Male fand ich an diesem Tag weiße Federn zu meinen Füßen vor, eine davon wiederum in einem Museum.

An diesem Punkt wurde sogar mein Mann auf das Phänomen aufmerksam: »Was hat es mit diesen weißen Federn auf sich, die ständig vor deinen Füßen landen?«, fragte er.

Lachend erklärte ich ihm, dass ich um ein Zeichen der Engel gebeten hatte. Wayne lächelte nur nachsichtig, wusste er doch, wie kostbar mir meine »Engelfreundschaft« war. Sooft ich eine weiße Feder aufhob, empfand ich Ruhe und fühlte

mich geliebt. Die Zeichen halfen mir, mich mehr mit dem Himmel verbunden zu fühlen. Außerdem lernte ich, dass die Engel immer an meiner Seite sind – ganz gleich, wo ich mich auf der Welt aufhalte.

Für gewöhnlich müssen Sie die Engel um ein Zeichen bitten, denn sie respektieren Ihre freien Willensentscheidungen. Doch die Form, in der die Bitte um solche Zeichen erfolgt, kann durchaus subtil sein – und sei es, dass Sie sich lediglich Hilfe und Trost wünschen. Welchen Weg auch immer Sie für sich wählen, um die Engel um Unterstützung zu bitten: Immer machen sie auf wundersame Weise auf sich aufmerksam – wie Aileen Kushner in der nächsten Geschichte erzählt:

Meine Mutter, die meinen Vater seit seinem Tod zutiefst vermisst, war zu einer kleinen Operation im Krankenhaus. Sie war wegen dieses Eingriffs sehr nervös, zumal sie sonst selten krank ist.

Ich muss jetzt betonen, dass sie sich ja in einer medizinischen Einrichtung befand, in der Hygiene das A und O ist – alles war steril und blitzsauber. Und doch: Auf dem Weg zu ihrem Krankenhauszimmer fand ich auf dem Flur eine makellose weiße Feder! Wie groß sind die Chancen, in einem Krankenhaus eine etwa zehn Zentimeter lange Feder zu finden? Ich jedenfalls wusste in diesem Moment, dass mein Vater präsent war und über meine Mutter wachte.

Meine Mutter platzte als Allererstes damit heraus, wie unwohl sie sich in dieser Situation fühle und wie sehr sie wünsche, mein Vater wäre zur Unterstützung bei ihr. Da überreichte ich ihr die Feder, erklärte ihr, wo ich sie gefunden hatte, und erinnerte sie daran, dass sie nicht allein war und dass mein Vater bei alldem bei ihr sein würde.
Und das war er auch.

Die Engel und Aileens Vater sorgten dafür, dass die Feder auf eine Weise »angeliefert« wurde, die hinsichtlich ihrer Bedeutung keine Frage offen ließ. Unsere Engel und lieben Verstorbenen bestätigen uns nur zu gerne ihre Gegenwart, und der Zeitpunkt dafür ist gewöhnlich von göttlicher Hand gelenkt. Obwohl ihre Energie immer präsent ist, können wir uns unseren Lieben noch näher fühlen, wenn wir sie wie Sherry Krause um ein Zeichen bitten:

Eines Tages war ich ziemlich niedergeschlagen und bat um ein Zeichen von meiner ersten Liebe. Er hatte sich ein Jahr zuvor umgebracht, und ich war traurig, dass er auf diese Weise gegangen war. Also bat ich ihn ganz konkret, er solle mir eine Feder schicken als Zeichen dafür, dass er mich gehört hatte.
An diesem Tag hatten die Landschaftsgärtner ein großes Loch in unserem Rasen hinterlassen. Ich schnappte mir eine Schaufel, um es zu füllen. Gerade wollte ich zu graben anfangen, da fand ich eine prächtige Feder. Ich war so glücklich! Dennoch hatte ich Zweifel, also bat ich um eine zweite. Ich füllte das Loch, drehte mich herum, um die Schaufel wegzustellen – und prompt fand ich erneut eine Feder zu meinen

Füßen. Da wir jede Menge Vögel bei uns im Garten haben, waren meine Zweifel allerdings nicht beseitigt.
Mit einer Entschuldigung bat ich noch einmal um eine Feder. Ich ging in meine Küche, und was lag auf der Arbeitsplatte? Eine Feder! Ich brach in Freudentränen aus. Unmöglich konnte eine Feder ins Haus »hineingefallen« sein! Schließlich sperrte ich mich nicht mehr und nahm das erhaltene Zeichen an. Jetzt wusste ich, dass auch die anderen Federn himmlischen Ursprungs waren.

Manchmal reicht eine Feder nicht aus, um die liebevolle Wirkung zu hinterlassen, die sich die Engel wünschen. Wer gleich eine ganze Menge Bestätigung braucht, sollte nicht überrascht sein, wenn er davon überhäuft wird. So erging es auch Gina Cannella:

Der schlimmste Wintertag meines Lebens fiel mitten in die Zeit meiner Scheidung. Seattle ist zu dieser Jahreszeit düster und unangenehm nasskalt, was meine gedrückte Stimmung nur noch verstärkte. Nachdem ich die ganze Nacht lang in mein Kissen geheult und kaum geruht hatte, ging ich zu meinem Wagen hinaus, um zur Arbeit zu fahren. Und was fand ich da auf meinem alten, kaputten Honda? Hunderte kleiner weißer Daunenfedern!
Ich hatte mich mit dem Wesen der Engelssphären befasst, und so traten mir Tränen in die Augen, während ich Hoffnung und Freude spürte. Die Federn bedeckten meinen Wagen und waren kreisförmig um ihn verteilt, aber sie befanden sich nirgendwo sonst!
Das Wissen, dass alles in Ordnung war und dass ich geliebt

und umsorgt wurde, brachte mich zum Weinen. Ich pflückte einige der Federn von meinem Wagen und steckte sie in einen Plastikbeutel, den ich vorne auf der Veranda ablegte.
Als ich an diesem Abend von der Arbeit heimkehrte, war die Tüte mit den Federn verschwunden. Ich lebte damals sehr abgelegen – es war wohl niemand einfach vorbeigekommen, und selbst wenn, dann hätte er die Federn dort, wo ich sie zurückgelassen hatte, nicht gesehen.

Die Engel bringen Ihnen Federn und andere Zeichen, und zwar auf eine Weise, die genau auf Sie und das Ausmaß Ihres gläubigen Vertrauens zugeschnitten ist. Sie sorgen dafür, dass Sie die Bedeutung ihrer Gabe verstehen und dass Sie an diese reale Botschaft von oben glauben. Und manchmal, so etwa in Shellys Geschichte, ist die Art, wie die Feder auftaucht, das Entscheidende:

Schon seit Wochen fühlte ich mich ausgelaugt und deprimiert. Ich kam mit dem, was mir das Leben vor die Füße warf, einfach nicht zurecht. Dabei fragte ich mich, ob es überhaupt irgendjemanden gab, der sich um mich scherte – meine Schutzengel inbegriffen, an die ich mich Hilfe suchend wandte. Ich musste wirklich wissen, dass sie sich um mich kümmerten.
Gerade war ich dabei, es mir mit meinem Partner vor dem Fernseher gemütlich zu machen, da drängte mich plötzlich innerlich etwas, nach oben zu schauen: Mein Blick fiel sofort auf eine kleine weiße Feder, die von der Zim-merdecke zu mir herabschwebte! Ich streckte die Hand aus, und sie landete sachte auf meiner Handfläche.
»Schau mal, schau!«, sagte ich zu meinem Partner. »Das ist

ein Zeichen, das Zeichen, auf das ich schon so lange warte.«
Es gab keine Erklärung für das Auftauchen dieser Feder. Mein Partner glaubt zwar nicht an Engel, aber ich hatte den Eindruck, dieses kleine Ereignis berührte sogar ihn.
Von jetzt an werde ich es nie wieder anzweifeln: Meine Engel sind bei mir und kümmern sich auf Schritt und Tritt um mich!

Falls Sie den Drang verspüren, eine große Veränderung in Ihrem Leben vorzunehmen, zerbrechen Sie sich vielleicht den Kopf, ob Ihre Entscheidung denn richtig sei. In solchen Fällen ist es sehr sinnvoll, die Engel um ein Zeichen von oben zu bitten. So können Sie darin bestätigt werden, dass Sie von himmlischer Seite an den Punkt geführt werden, Ihrer intuitiven Neigung nachzugeben – wie Niki Leach feststellen konnte:

Eines Morgens war ich auf der Fahrt zur Arbeit und wälzte dabei heftige Zweifel in meinem Kopf: Sollte ich mein Vorhaben wahrmachen und meine Arbeitszeit reduzieren, um mich mehr auf meine künftige Selbstständigkeit in dem von mir gewünschten Bereich zu konzentrieren?
Einen Augenblick später fuhr ich in Richtung Autobahn ab, als mich plötzlich eine Wolke von weißen Federn umgab, die rund um mein Auto wirbelten. Ich fragte mich schon, ob ich vielleicht mit einem Vogel zusammengeprallt war, aber auf der Straße lag nichts, was darauf hingewiesen hätte. Und als ich im Rückspiegel hinter mich blickte, waren die Federn verschwunden.
Bei meiner Ankunft in der Firma fand ich eine schneeweiße Feder, die an meinem Auto haftete. Ich verstand es als Zei-

chen, dass ich mein Vorhaben vorantreiben sollte, und habe tatsächlich meine Arbeitszeit reduziert.

Fragen Sie die Engel nach der Bedeutung, sobald Sie eine Feder sehen. Der erste Gedanke oder das erste Gefühl, das in Ihnen aufsteigt, ist Ihre Antwort. Falls Sie eine weitere Bestätigung brauchen, bleiben Sie beharrlich und bitten Sie die Engel darum, denn sie sind eine unerschöpfliche Quelle, sowohl für Zeichen als auch hinsichtlich des Glaubens. Federn und andere Zeichen helfen Ihnen, zu wissen, dass Sie nicht allein sind; Sie waren nie allein und werden es nie sein – wie die folgende Geschichte von Mary Creech illustriert:

Nichts, nicht einmal meine Tätigkeit als Mitarbeiterin in einem Hospiz, hatte mich auf die schmerzliche Erfahrung vorbereitet, zusehen zu müssen, wie mein eigener Bruder mit 58 Jahren an Krebs starb. Obwohl wir im Lauf der Jahre als ziemliche Dickschädel zunehmend aneinandergerasselt waren, waren wir uns noch immer nahe. Da wir mit familiärer Gewalt aufgewachsen waren, war er mein Beschützer gewesen. Mir war zuvor nie klar geworden, wie schwer es für mich sein würde, dieses körperliche Gefühl des Schutzes zu verlieren.

Nach seinem Tod hatte ich das dringende Bedürfnis, den Strand aufzusuchen, um dort ungestört meiner Trauer nachhängen zu können. Auf der Fahrt dorthin begegnete mir ein indianischer Heiler. »Vergiss nicht«, ermahnte er mich, »wenn du eine Feder findest, bedeutet das, die andere Seite

stellt Kontakt her, um dir einen Gruß zu schicken und dich wissen zu lassen, dass du nicht allein bist.«

Als ich an diesem ersten Tag am Strand entlangging und mich meiner Trauer und meinen Tränen hingab, fand ich eine weiße Feder, die auf dem Wasser trieb. Ich spürte die Gegenwart meines Bruders und erlebte einen gewissen Frieden.

Ich gehe schon seit dreißig Jahren an Floridas Stränden spazieren, doch bis dahin war ich nie auf eine Feder gestoßen, die auf dem Wasser trieb. Aber in den nächsten drei Tagen entdeckte ich sage und schreibe fünf davon! Ich wusste, dass dies unumstößliche Zeichen waren: Mein Bruder war noch bei mir, er beschützte mich und sagte dabei: »Hey, Sissy«, wie es seine Art war.

Seitdem finde ich Federn auf meiner Türschwelle; andere haften an meinem Auto, wenn es auf dem Hof steht, und selbst im Urlaub erinnert mich etwas an meinen Bruder. Von daher weiß ich, dass wahre Geschwisterliebe nie stirbt. Und wenn wir sie brauchen, geben geliebte Verstorbene uns unverhohlene Zeichen, um uns wissen zu lassen, dass sie weiterhin bei uns sind.

In Form von Zeichen trifft eine der besten Unterstützungen bei Ihnen ein. Wollen die meisten von uns, genau genommen, denn nicht einfach nur, dass alles gut geht? Denise Dorfman zeigt uns: Die Bestätigung, dass wir uns auf dem rechten Weg befinden, ist nur ein Gebet weit von uns entfernt:

Ich machte in meinem Leben gerade eine schwere Zeit durch. Ich stand kurz vor dem Abschluss der Graduate School und

war auf der Suche nach einem neuen Job. Dabei wollte ich nicht nur »irgendeinen« Job; ich wollte einen, bei dem ich meine Talente und Fähigkeiten am besten nutzen könnte. Ich pflegte eine rege Zwiesprache mit dem Himmel über Engel-Orakelkarten.

Eines Tages – ich schlenderte gerade um das Haus herum, in dem mein Apartment liegt –, fand ich eine Feder auf dem Weg. Ich betrachtete sie als positives Zeichen der Engel und sagte mir: Wäre es nicht schön, gleich mehrere Federn zu finden? Dann würde ich wirklich wissen, dass die Engel bei mir sind!

Wie sollte es auch anders sein: Als ich das nächste Mal die Westseite des Gebäudes erreichte, fand ich zwei Federn, dann vier, und dann acht – und schließlich sechzehn! Das passierte mir jedes Mal, wenn ich in diesem Bereich entlangging. Ich fasste es als sehr positives Zeichen der unermesslichen göttlichen Fülle auf. Durch die Engelkarten erhielt ich auch die Information, dass ich im Juni 2007 eine neue Stelle bekommen würde. Alles lief im Endeffekt glatt, und ich bekomme noch bis zum heutigen Tag Zeichen, dass die Engel bei mir sind.

Die Zeichen von oben ermutigen und helfen uns, schwere Zeiten zu bewältigen. Wie wir bislang sehen konnten, gehört dazu die Aufgabe, trauernde Herzen zu trösten, wenn sich Menschen fragen, wie sie den erlittenen Verlust überleben sollen. Die Engel bringen uns wohltuende Zeichen und die Bestätigung, dass unsere Liebe lebendig bleibt.

Viele entwickeln auch eine sehr innige Beziehung zu ihren Haustieren. Insofern überrascht es nicht, dass sich die Engel

auch mitfühlend um all jene kümmern, deren Herz sich schmerzlich nach einem geliebten Tier sehnt, das vor ihnen das Zeitliche gesegnet hat – wie Mary Schexnaydre feststellen konnte:

Meine betagte Cockerspanieldame tat sich mit dem Gehen zunehmend schwer. Der Tierarzt vermutete, das komme von einer Kompression des Rückenmarks – ausgelöst durch einen Tumor –, was irgendwann eine Lähmung nach sich ziehen würde.

Dieser Fall trat schließlich ein, und in der letzten Nacht, die meine Hündin zu Hause verbrachte, blieb ich auf und leistete ihr Gesellschaft. Sie schien genau zu wissen, wie es um sie stand. Ich sagte ihr, wie sehr ich sie liebte, und gab ihr einen Steakknochen, an dem sie ausgiebig herumnagte.

Am nächsten Morgen wickelte ich sie in eine Decke und brachte sie zur Praxis des Tierarztes. Ich unterschrieb die Einverständniserklärung, dass sie eingeschläfert werden dürfe, und hielt sie, während der Tierarzt ihr ein friedliches Sterben erleichterte.

An diesem Abend trat ich wie üblich meine Schicht in der Klinik an, wo ich als Krankenschwester arbeite.

Am nächsten Morgen trat ich traurig und abgekämpft auf den Parkplatz. Bei meinem Wagen angekommen, fand ich zu meiner Verblüffung lauter Taubenfedern vor, die auf der Fahrer- und Beifahrerseite an den Scheiben hafteten. Ich blickte prüfend auf die Autos, die rechts und links parkten, aber dort fand sich keine einzige Feder. Sofort verstand ich die Botschaft: Meinem Cocker ging es gut!

Die Hauptaufgabe der Engel besteht darin, Frieden auf die Erde zu bringen, Menschenherz für Menschenherz. Sie helfen uns bei den großen und kleinen Problemen des Lebens, und nur dieses Ergebnis zählt für sie. Die Engel wissen: Wenn ein kleiner Stressfaktor zum anderen kommt, verlieren wir unser inneres Gefühl des Friedens. Von daher zeigen sie uns mit Freuden den Weg, indem sie uns Zeichen schicken – wie Karen Barnetts Geschichte belegt:

Ich hatte eingekauft und konnte es wohl gerade noch schaffen, meine Tochter Alisha vom Kindergarten abzuholen. Ich war schon im Begriff, loszufahren, als ich bemerkte, dass sich mein Wagen nicht vom Fleck rührte. Die Handbremse saß fest! Der Pannendienst gab mir die Auskunft, in vierzig Minuten könne der Einsatzwagen da sein. Mich packte die Panik – schließlich musste ich Alisha in dreißig Minuten abholen und ihre Schule lag zirka zehn Autominuten entfernt!
Sofort bat ich die Engel um Hilfe, indem ich immer wieder vor mich hin sagte: »Bitte helft mir, rechtzeitig zu Alisha zu gelangen, liebe Engel. Bitte!« Ich stand seitlich am Eingang des Parkplatzes, wo man mich leicht sehen konnte, und während ich wartete, segelte eine weiße Feder vorbei und landete ganz in meiner Nähe. Ich dankte den Engeln für dieses tröstliche Zeichen.
Dann erhielt ich eine SMS des Pannendienstes, in der man mir erklärte, man habe meinen telefonischen Auftrag an eine örtliche Firma weitergeleitet, die sehr bald eintreffen würde. Für meine Nerven war das zwar schon eine große Erleichterung; trotzdem bat ich die Engel um ein weiteres Zeichen, dass ich rechtzeitig zu Alisha gelangen würde. Im selben Moment

blickte ich auf und sah einen großen weißen Lkw vorbeifahren, auf den seitlich eine große weiße Feder gemalt war!
Fünf Minuten später tauchte ein Mitarbeiter der ansässigen Firma auf. Er schaffte es auf Anhieb, meine Handbremse zu lösen. Ich bedankte mich bei ihm und bei meinen Engeln für ihre Mithilfe.
Ich kam sogar so frühzeitig zu Alishas Vorschule, dass ich fünf Minuten verschnaufen konnte! Bis heute habe ich den Namen der Firma mit der großen weißen Feder noch nicht herausgefunden, zumal da nur dieses Logo war, keine weitere Beschriftung.

Die Engel senden uns physische Zeichen in Form von Federn sowie andere Objekte – zum Beispiel Münzen – oder Lebewesen, etwa Schmetterlinge, Vögel und Blumen. Zusätzlich zu diesen greifbaren Zeichen erregen die Engel unsere Aufmerksamkeit gerne durch Musik – wie wir als Nächstes erkunden werden.

Kapitel 3

Musikalische Zeichen

Vor einiger Zeit entdeckten Wissenschaftler, dass die Erde einen harmonischen Ton ins Universum entsendet. Dieser Ton ist für das menschliche Ohr zwar nicht auszumachen, aber er stellt unsere harmonische Signatur dar und kommt durch die Gesamtheit aller Bewegungen und Aktivitäten auf dem Planeten zustande. Wellen, seismische Bewegungen, Blitze und andere schwere Wetterlagen – sie alle wirken in einem Orchester mit, das den Soundtrack zu unserem Dasein spielt.

Von daher überrascht es nicht, dass der Mensch gerne wohlgeordnete Ton- und Harmoniemuster produziert und hört. Musik gehört zu den Dingen, die unser Geist am leichtesten erfasst, da wir von Natur aus ein Talent für Rhythmen haben (einige mehr, andere weniger).

Die Engel überbringen ihre Botschaften oft durch den Klang und die Macht der Musik. Es scheint so, als werde fast über-

all, wohin wir gehen, Stille durch Musik in der einen oder anderen Form ersetzt. Die meiste Zeit über fällt es uns nicht einmal auf, da es so allgegenwärtig ist. Musik kann Erinnerungen auslösen oder Bilder zurückliegender Ereignisse hervorrufen, sie kann uns an Menschen oder Orte denken lassen. Achten Sie darauf, da wiederkehrende Songs (oder eine Serie von Songs, die ein gemeinsames Thema haben) nahezu immer ein Zeichen von oben sind.
Manchmal kann Musik dazu eingesetzt werden, die Existenz von Engeln um uns herum ständig zu bestätigen – wie Natalie Atkinson erzählt:

David, ein Junge an meiner Schule, fragte mich eines Tages, ob ich an Engel glaube. Ich sagte, wohl eher nicht. Worauf er geheimnisvoll meinte, ich würde sie bald kennenlernen. Ich war perplex, leicht irritiert und auch ein bisschen neugierig, alles auf einmal.
Auf dem Nachhauseweg erinnerte ich mich an einige Situationen in meiner Vergangenheit, in denen ich mich geirrt hatte, auch wenn ich sicher gewesen war, richtig zu liegen. Also sann ich darüber nach, ob mein fehlender Glaube an Engel wohl in die gleiche Kategorie fiel.
Am nächsten Morgen lief im Autoradio auf der Fahrt zur Schule ein Stück über Engel. Im Stillen sagte ich: Gut, Engel, wenn ihr echt seid, brauche ich heute ein angemessenes Zeichen – kein Wischiwaschi, sondern ein untrügliches Zeichen dafür, dass ihr da seid!
Obwohl ich Musik gerne mag, langweilen mich Songs sehr schnell. Ich hatte das Lied erst zur Hälfte gehört, als ich einen anderen Sender einstellte. Und zu meiner Überraschung lief

auch dort ein Song über Engel: »Angels Brought Me Here« (Engel brachten mich hierher). Das berührte mich ganz merkwürdig, also schaltete ich wieder auf einen anderen Sender und hörte hintereinander ... zwei weitere Stücke, die mit Engeln zu tun hatten! Nein, das war schon kein Zufall mehr! Mittendrin wechselte ich erneut auf einen anderen Kanal – ja genau, Sie raten richtig: Wieder ein Engelsong!
Ich war so schockiert und verblüfft, dass ich auf den Standstreifen fuhr. In diesem Moment akzeptierte ich die Engel als Teil meines Lebens. Sie waren immer um mich gewesen, aber ich war endlich bereit, sie zur Kenntnis zu nehmen.

David fungierte für Natalie als Engel, indem er ihre Aufmerksamkeit für ihre himmlischen Helfer und ihre musikalischen Zeichen erhöhte.
Ihre Engel haben zweifellos ebenfalls schon über Musik mit Ihnen gesprochen. Wenn Sie das Gefühl haben oder denken, dass ein Stück eine wichtige Bedeutung hat, dann ist es so. Am besten vertrauen Sie immer auf ihren ersten Eindruck, wenn Musik eine Erinnerung oder Erkenntnis anstößt. Das entdeckten auch Jennifer Bonk und ihr Mann:

Als meine Familie und ich neulich aus dem Urlaub zurückkamen, gerieten wir in ein fürchterliches Unwetter. Mein Mann James saß am Steuer, und meine Töchter Gabriella Grace und Angelina Faith versuchten auf der Rückbank zu schlafen. Der Regen prasselte auf das Auto, und ich wandte mich sofort an die Engel und Feen.
Ich war gerade mit dem Beten fertig, schon ließ der Regen nach und hörte schließlich ganz auf. Aber das noch größere

Zeichen stellte sich einige Augenblicke später ein. Wegen des heftigen Schauers hatten wir die Tankstelle verpasst. Auf der Pennsylvania Turnpike können durchaus 80 Kilometer zwischen zwei Tankstellen liegen. Unser Armaturenbrett begann Piepstöne von sich zu geben, und nach seinen Angaben würde der Tankinhalt noch höchstens 70 Kilometer reichen.

Mein Mann wurde unruhig, aber ich machte mich auf der Stelle daran, zu beten. Immerhin hatten wir gerade schon Hilfe bekommen. Ich bat die Engel, sich um den Wagen zu scharen und uns sicher zu einer Tankstelle zu bringen. Unmittelbar danach kam im Radio ein Song der Band Warrant, und der Titel ließ mich gleich aufhorchen: »Heaven Isn't Too Far Away« (Der Himmel ist gar nicht so weit entfernt).

Ich sagte zu meinem Mann, dass alles bestens sein würde und dass wir rechtzeitig an der Tankstelle ankämen. Er lachte, als ich ihm erklärte, dass ich das aufgrund der Musik wisse, und hielt mich für ziemlich durchgeknallt. Bei dem Song jedoch, der anschließend gespielt wurde, überlegte er es sich rasch anders: »Knockin' on Heaven's Door« (Ich klopfe an die Himmelstür) von Guns N' Roses.

Wer hätte gedacht, dass ein Hard-Rock-Sender gleich zwei Stücke hintereinander bringen würde, in denen der Himmel vorkam? Meine Engel wussten schon, wie sie mich beruhigen konnten. Wir erreichten die Tankstelle mit einem Tankfüllstand, der noch für zehn Kilometer ge-reicht hätte. Mein Mann und ich konnten den Engeln nur noch überschwänglich danken.

Natalie glaubte zwar an die Engel, brauchte aber eine Bestätigung, um ihre Anwesenheit als Realität akzeptieren zu kön-

nen. So tiefgreifend Vorgänge dieser Art auch sind: Vergessen Sie nie, dass sie nicht etwa seltene Privilegien oder einzigartige Erlebnisse sind. Die Engel zeigen und bestätigen ihre Gegenwart allen, die darum bitten. Und Ihre Bitte darum braucht nicht förmlich zu erfolgen. Es reicht ein schlichtes Flehen um Hilfe, und sei es nur, dass Sie den *Gedanken* hegen, wie sehr Sie sich Unterstützung wünschen.

Wenn die Engel sehen, dass Sie ihre Führung brauchen, weil bei Ihnen eine riesige Entscheidung ansteht, bieten sie oft bereitwillig ihre Dienste an, um sicherzustellen, dass Sie auf Ihrem Lebensweg bleiben.

Shelly erzählt hier eine Geschichte, die zeigt, dass die Engel immer über uns wachen und dass ihre Hilfe zum genau richtigen, göttlich bestimmten Zeitpunkt kommt:

Sobald mein Verlobter seinen Job erwähnte, regte es mich aus irgendeinem Grund regelrecht auf. Da ich keinen Anhaltspunkt hatte, woran es lag, dass mich das so aufwühlte, bat ich Gott, jenes, was da nicht stimmte, ans Licht zu bringen.

Kurz darauf überkam mich der Drang, die Mailbox meines Verlobten abzuhören ... und prompt vernahm ich eine weibliche Stimme, die eine verschämte Nachricht hinterlassen hatte.

Als ich meinen Verlobten damit konfrontierte, sagte er, es handle sich um eine Kollegin, die sich von ihm angezogen fühlte und seine Telefonnummer von der Firma hätte. Er behauptete, dass er sie gebeten habe, nicht mehr anzurufen, aber sie hinterließe ihm trotzdem weiterhin Nachrichten. Ich glaubte ihm nicht, also beendete ich unsere Beziehung und gab ihm den Verlobungsring zurück. Wir weinten beide.

Am nächsten Tag – ich war wirklich verletzt und fühlte mich elend, wenn ich an unsere Beziehung dachte und daran, dass wir ja vorgehabt hatten, eine Familie zu gründen – hielt ich mit Gott Zwiesprache über meine Gefühle. Daraufhin trat mir ein geistiges Bild vor Augen: Mein »Mann« und ich befanden uns auf einem gemeinsamen Weg. Ich machte dann kehrt, um die entgegengesetzte Richtung einzuschlagen. Im Zurückblicken sah ich dabei meinen Mann, der seinerseits zurückschaute, und vor ihm waren in einiger Entfernung unsere Kinder und ein wunderschönes Heim. Ich spürte in diesem Moment regelrecht die Gegenwart unserer ungeborenen Kinder und hörte, wie eines von ihnen fragte: »Mami, wohin gehst du?«

Diese Vision ließ mein Herz gegenüber meinem Verlobten wieder weicher werden. Daraufhin stellte ich das Radio an, wo gerade ein Song mit dem Titel »Listen to Your Heart« lief: Aus dem Text ging hervor, dass man auf sein Herz hören solle, bevor man einer Liebe den Laufpass gibt. Ich bat Gott, mir die Wahrheit zu zeigen und mir weitere Zeichen zu geben, was ich tun solle. Und fast jeden Tag ertönte dasselbe Lied.

Dank dieser Führung kamen mein Verlobter und ich wieder zusammen. Ich erfuhr, dass er im Hinblick auf die Mailbox-Nachrichten seiner Kollegin vollkommen ehrlich gewesen war. Heute sind wir glücklich verheiratet. Außerdem sind wir Eltern eines Jungen geworden, eines richtigen kleinen Engels. Gott hat meinen Mann mit einer neuen Stelle gesegnet, bei der er besser verdient und mit der er glücklicher ist. Ich danke Gott und den Engeln dafür, dass sie mir gezeigt haben, was ich aufgegeben hätte, wenn ich unseren gemeinsamen Weg verlassen hätte.

Das besagte Lied hatte eine so große Bedeutung für mich, dass ich eines Tages meinen Sohn bat, mir die CD zu besorgen, nachdem er bei mir nachgebohrt hatte, was ich mir zu meinem Geburtstag wünschte. Sechs Monate später ertrank er. Von da an fiel mir auf, dass ich unweigerlich an meinen Jungen dachte, sobald ich diesen Song hörte; also assoziierte ich mit diesem Lied sehr bald, dass mir mein Sohn Grüße schickte. Sooft ich an ihn denke oder mich das Gefühl überkommt, schon eine Weile nichts mehr von ihm gehört zu haben, kommt dieser Song. Ich sitze zum Beispiel in unserem Kleinbus und habe ganz leise das Radio an, und genau in dem Moment, wo ich die Lautstärke aufdrehe, wird dieses Stück gespielt. Ich muss dann immer lächeln und habe das Gefühl, mein Kind spricht mit mir.

Neulich wurde der Song sogar bei einem Yoga-Workshop ausgewählt, an dem ich teilnahm. Es vermittelt mir dann das Gefühl, mein Sohn sagt mir damit, dass er bei mir ist.

Denken Sie daran: Ein Körper kann zwar sterben, aber die Energie, die Sie mit einem geliebten Menschen verbindet, währt ewig und ist immer spürbar, wenn Sie offen für sie sind. Da Musik etwas Nichtphysisches ist, stellt sie eine Brücke von Ihrem irdischen Alltagsleben zu der ätherischen Energie des Himmels her. Wenn Sie einen Song hören, der Sie an liebe Verstorbene erinnert, ist es ein Zeichen von oben – wie Shelly Pitcher erleben konnte:

Am Thanksgiving-Tag (Erntedankfest) nach dem Tod meiner Mutter konnte ich ihre Gegenwart spüren, als meine Familie beim Festtagsessen zusammensaß. Später an diesem Abend, als alle weg waren, war ich gerade damit beschäftigt, das Geschirr in den Schrank zurückzustellen, als ich plötzlich Musik hörte. Ich hielt inne, um zuzuhören. Irgendwie kam mir die Melodie bekannt vor, aber ich wusste nicht so recht, woher. Bis mir mit einem Mal klar wurde, dass ich sie von der Teetasse mit der eingebauten Spieldose kannte, die ich meiner Mutter ein paar Jahre zuvor zum Geburtstag gekauft hatte. Der Titel, den sie spielte, hieß »I Just Called to Say I Love You« (Ich rufe nur an, um dir zu sagen, dass ich dich liebe)! Unter Tränen nahm ich die Teetasse aus dem Schrank und sagte: »Ich dich auch, Mom.«

Niemand in meiner Familie wollte mir glauben, als ich von diesem Erlebnis erzählte. Die Spieldose ertönt nämlich nur, wenn man auf einen Knopf am Boden der Tasse drückt. Und ich hatte die Tasse an diesem Tag gar nicht angefasst, geschweige denn diesen Knopf gedrückt.

Seit diesem Zeitpunkt habe ich viele weitere Zeichen erhalten, und ich bin dankbar dafür, zu wissen, dass meine Mom immer bei mir sein wird! Ich weiß, dass du mich liebst, Mom!

Es ist aber gar nicht immer der Klang der Musik als solcher, der die Starrolle spielt. Manchmal stellen sich die Zeichen in Verbindung mit einer anwesenden Band oder mit Musikern ein. Musik dieser Art ist gewöhnlich nicht sehr lyrisch ausgerichtet und besteht fast immer in Eigenkompositionen, die von den Komponisten selbst gespielt werden. Zwar unterscheiden sich diese Zeichen in ihrer Bedeutung kaum von

Musik, die im Radio spielt, aber es ist eben wichtig zu wissen, dass sich Botschaften über Musik auf die unterschiedlichsten Weisen einstellen können.
Es kann auch sein, dass Sie etwas wie körperlose himmlische Klänge hören, manchmal »Sphärenmusik« genannt. Für gewöhnlich hören die Betreffenden sie beim Aufwachen, wenn ihr Geist und Herz entspannt und offen ist – wie Karen Anderson in der folgenden Geschichte berichtet:

Am Morgen meines Geburtstags wurde ich von einer Art himmlischem Chor geweckt, der »Happy Birthday« für mich sang. Zuerst dachte ich noch, es seien meine Söhne, die mir vom Erdgeschoss aus ein Ständchen brachten, aber dann zeigte mir ein rascher Blick auf die Uhr, dass es noch viel zu früh dafür war – zu dieser Zeit waren sie unmöglich wach. Ich lag also im Bett und lauschte perplex und freudig erregt. Dann kam mir die Frage, ob die Stimmen wohl von meinen Engeln und meinen verstorbenen Eltern stammten. Also bat ich stumm: Wenn das wirklich Geburtstagsgrüße vom Himmel sind, die ich da bekomme, so schickt mir doch bitte ein Zeichen.
Ich stand auf und beschloss, die Morgenzeitung hereinzuholen, um sie gemütlich zu lesen, solange im Haus noch alles so ruhig war. Als ich die Haustür öffnete, lag eine einzelne rote Rose auf meiner Veranda, die mit einem roten Satinband umwickelt war. Ich kicherte vergnügt in mich hinein und sagte mir: Diese Blume muss wohl mein Zeichen sein! Später befragte ich meinen Mann dazu: Nein, die Rose sei weder von ihm noch von den Jungs. Da hatte ich es also: mein besonderes Zeichen, dass der Himmel meinen Geburtstag mit mir feierte.

Karen hörte den Klang des Universums und der Engel, der unablässig und ganz natürlich ertönt. Ihr schlaftrunkener, veränderter Bewusstseinszustand erlaubte ihr, eine andere Dimension zu berühren, an die sie sich bewusst erinnern konnte, da sie sich fast im Wachzustand befand.

Abgesehen davon, dass sie eine Verbindung zum Himmel darstellt, liefert Musik sehr direkte Botschaften und Zeichen. So zum Beispiel bietet der Titel oder Text eines Songs, den Sie immer wieder hören, die Chance, spezifische Wegweisungen von Ihren Engeln zu erhalten. Vor ein paar Jahren, als ich, Doreen, um himmlische Führung bat, um einen Titel für mein Buch über Essen und Appetit zu finden, das in Kürze erscheinen sollte, stieß ich immer wieder auf den Song »Constant Craving« (Ständiges Verlangen) von k.d. lang. Als ich ihn kurz hintereinander zum vierten Mal hörte, nahm ich den Wink mit dem Zaunpfahl an und wählte den Titel für mein Buch.

Etwas ganz Ähnliches geschah, als Irene Felner um Weisung bat, ob sie eine Reise nach Tahiti unternehmen sollte. Die Engel boten über das Medium Musik ihre Unterstützung und ihre Botschaften an:

Vor drei Jahren, als ich die Entscheidung traf, mit Doreen Virtue und James Van Praagh auf eine Tahiti-Kreuzfahrt zu gehen, war ich vor Freude ganz aus dem Häuschen, gleichzeitig aber machte es mich ein wenig nervös, dafür so viel Geld auszugeben. Von daher bat ich um eine Botschaft, die mir bestätigen würde, was ich in meinem Herzen bereits wusste: dass diese Kreuzfahrt das Richtige für mich war.

Als ich am nächsten Tag auf dem Nachhauseweg von der

Arbeit aus dem Zug stieg, hörte ich mit einem Mal Trommeln. »Tahiti-Trommeln«, schoss es mir sofort durch den Kopf. Als ich dann in die Unterführung kam, sah ich auch den Trommler, obwohl ich mich nicht erinnern konnte, ihn dort je zuvor gesehen zu haben.

In der restlichen Zeit vor meiner Abreise war der Trommler mindestens jeden zweiten Tag da. Doch als ich von der Kreuzfahrt zurückkehrte (übrigens die fantastischste Reise, die ich je erlebt habe) und wieder zur Arbeit ging, war der Trommler verschwunden – bis auf den einen Tag, an dem ich mich ein wenig im Dilemma fühlte: Ich hatte um Bestätigung gebeten und sogar gesagt, dass es gut wäre, den Trommler wiederzusehen. Und siehe da, am nächsten Tag war er da ..., aber danach nie wieder.

Wenn ***das*** *kein Zeichen war, was dann sonst?!*

Sie wären vielleicht überrascht, wenn Sie wüssten, wie viele Engel Ihren Gedanken lauschen, sobald Sie Bitten ins Universum hinaussenden. Auch liebe Verstorbene sind überaus gerne bereit, Ihnen Zeichen und die Bestätigung zu übermitteln, dass sie bei Ihnen sind. Kathy Johnsons Geschichte ist hier sehr inspirierend, da Kathy auf eine ganz natürliche Weise herausfand, dass man lediglich eine Frage stellen und auf das Zeichen lauschen muss, um seine Antwort zu bekommen:

Unmittelbar nach dem Tod meiner Mutter befand ich mich auf der Heimfahrt von diversen Besorgungen und fragte mich,

welches Lied ich jeden Morgen für Mom singen könnte, damit sie immer ganz nah bei mir in meinem Herzen wäre. Sie hatte Musik immer genossen, sang sehr gerne und fand meine Stimme wunderschön. Also hatte ich beschlossen, dass ich jeden Morgen nach dem Aufstehen als Allererstes etwas singen würde. Aber was?

Plötzlich lief im Radio genau in diesem Moment ein Stück mit dem Titel »The Mother Song« (Das Mutter-Lied). Im Text heißt es unter anderem sinngemäß: »Du wirst mich nicht fühlen, du wirst mich nicht hören, aber du wirst nie allein sein.« Worte einer Mutter, die ihr Kind vor ihrem eigenen Tod tröstet – oder vielleicht danach. Es passte perfekt und sprach ganz unmittelbar viele meiner Gefühle an, die ich im Hinblick darauf hatte, dass Mom nicht mehr da war. Ich hatte den Song noch nie zuvor gehört.

Ungefähr ein Jahr später hatte ich gerade ein Buch darüber gelesen, wie Verstorbene uns Botschaften zu übermitteln versuchen und dass sie oft bei uns seien. Ich dachte: Mom, ich habe lange kein Zeichen von dir bekommen, obwohl ich so gerne eines hätte. Wie wär's?

Am nächsten Morgen lief prompt wieder »The Mother Song« im Radio. Es war erst das zweite Mal, dass ich diesen Song überhaupt hörte. Und seitdem ist er mir auch nie wieder begegnet.

Die Engel spielten das Stück mehr als einmal, damit Kathy merkte, dass es von ihrer Mutter kam. Nachdem die Botschaft verstanden wurde, brauchten es die Engel nicht noch einmal zu senden, aber wenn Kathy es jemals wieder brauchen sollte, eine Bestätigung für die ewige Liebe ihrer Mut-

ter zu bekommen, so wird sie zweifellos erneut »The Mother Song« hören.

Die Engel werden immer dafür sorgen, dass alles in Ordnung ist. Das Leben mag Sie zwar in Situationen bringen, in denen Sie sich isoliert oder sehr dünnhäutig fühlen, aber dann müssen Sie sich in Erinnerung rufen, dass Sie nie allein sind. Bitten Sie um Hilfe und Zeichen, wenn Sie sie am meisten brauchen. So tat es auch Alison Lintonhi, als Sie sich in Lebensumständen wiederfand, die sie massiv überforderten:

Mein Mann Colin starb an Krebs, als ich mit meinem vierten Kind im siebten Monat schwanger war. Vor seinem Tod sagte ich ihm, wie verzweifelt ich darüber war, dass er bei der Geburt unseres Babys nicht dabei sein konnte, aber er beruhigte mich und versicherte, er werde bei der gesamten Geburt da sein.

Nachdem ich schon eine Woche über dem errechneten Geburtstermin war, hatte ich ganz intensiv das Gefühl, dass in der kommenden Nacht die Wehen einsetzen könnten. Also duschte ich, bereitete mich vor und sagte dann: »So, Colin, wenn heute das Baby kommt, sieh zu, dass du dabei bist. Du hast es mir versprochen.«

Als ich aus dem Bad kam, hörte ich ein Schlaflied, konnte aber nicht orten, woher es kam. Schließlich entdeckte ich die Quelle: eine Kinderzimmerlampe, die mit einem Spielwerk ausgestattet war und sich »Lullaby Light Show« nannte. Man musste sie manuell aufziehen, sonst funktionierte sie nicht – doch jetzt spielte sie von allein! Ich hatte sie in einem Schrank verstaut und seit vier Jahren nicht mehr benutzt.

In diesem Moment wusste ich, dass es sich definitiv um ein Zeichen handelte: Colin war bei mir! Ich war nicht allein!

Am Morgen gebar ich eine wunderhübsche kleine Tochter. Während ich in den Wehen lag, hörte ich die ganze Zeit die Stimme meines Mannes, der mir sagte, er werde mir helfen, wo immer er könne. Ich hatte nicht den geringsten Zweifel, dass Gott, die Engel und Colin mir an diesem Tag – und nicht nur an diesem – tatsächlich hilfreich zur Seite standen und mich beschützten.

Egal auf welche Weise die Engel Ihnen Zeichen schicken – sie wählen immer die beste Methode, um ihre Botschaft, Liebe und Unterstützung zu übermitteln. Musik umgeht unsere Abwehrmechanismen und öffnet das Herz; von daher ist sie das beliebteste Zeichen von oben. Und doch braucht man manchmal vielleicht etwas Greifbares, an das man sich klammern kann, um zu wissen, dass jemand über einen wacht und dass man geliebt wird. Seien Sie in solchen Fällen nicht überrascht, wenn Sie – wie im folgenden Kapitel ausgeführt – einen Glücks-Cent finden.

KAPITEL 4

Ein Glücks-Cent vom Himmel

Das Wirken des Universums ist oft mysteriös, und die Engel bilden da keine Ausnahme. Manchmal ersinnen sie mit ihrem Einfallsreichtum Ereignisse, die Sie vielleicht gar nicht sofort als »Zeichen« erkennen. Nun, so komplex unsere Welt auch ist: Sie weist bestimmte Muster auf, und dieses Kapitel wird Ihnen helfen, sich mit einem davon vertraut zu machen.

Münzen unterschiedlichster Währungen werden von den Engeln gerne dazu benutzt, um uns Botschaften zu übermitteln oder uns zu führen. Alle Aspekte dieser Art von Zeichen haben eine besondere Relevanz für Sie und Ihren Weg, einschließlich des Zeitpunkts und Orts, wo Sie die Münzen finden, sowie ihr Zahlenwert, der aufgeprägte Text und das Material, aus dem sie bestehen.

In diesem Kapitel lesen Sie Geschichten, die aufzeigen, wie variabel die Bedeutung von Geldstücken und Zahlungsmit-

teln überhaupt sein kann, und sie zeigen die alltäglichen Situationen, in denen Sie welche finden werden.
Unsere erste Geschichte stammt von Melissa Patterson, die unbedingt eine Bestätigung brauchte und sich mit keinem Nein abfinden wollte:

An einem einsamen Heiligabend las ich ein Buch über Engel und betätigte mich dabei auf meinem Heimtrainer. Ich las über eine Frau, die ständig Zehn-Cent-Münzen fand – und dies sei ein Zeichen von oben. In dem Buch hieß es, wenn man ein Zeichen von seinen Engeln wolle, müsse man nur darum bitten. Also bat ich die Engel, mir zu zeigen, dass sie bei mir waren.
Als ich mit meinem Training fertig war, wollte ich das Buch in meinem Zeitschriftenregal ablegen. Und siehe da, dort im Regal lag unübersehbar ein Zehn-Cent-Stück und blitzte mich an!
Tränen rannen über mein Gesicht. Ich sah mich um und sagte im Stillen: Ihr seid also tatsächlich hier bei mir! Ihr seid tatsächlich da!

Wo Kleingeld nicht ausreicht, um die Botschaft zu übermitteln, können die Engel auch auf andere Zahlungsmittel ausweichen. Manchmal, wenn uns das Leben hoffnungslos erscheint und wir uns mit einer »schlimmen« Situation nach der anderen konfrontiert sehen, ist Zuversicht wohl das Letzte, wozu wir uns in der Lage fühlen. Unter Umständen wie diesen reicht nur noch ein konkretes und sich regelrecht aufdrängendes Zeichen – wie Amy Broderick und ihre Schwester Laura entdeckten:

Zur Feier meines Geburtstags machten meine Schwester Laura und ich Urlaub in Florida. Ich hatte sie eine Zeit lang nicht mehr gesehen, also tauschten wir uns über die aktuellsten Neuigkeiten aus und führten tiefe, von Herzen kommende Gespräche. Laura war gerade ziemlich am Boden. Während wir also am Rand des Pools saßen, ergriff ich die Gelegenheit beim Schopf, ihr aufzuzeigen, wie das Universum auf unsere Bitten reagiert. Ich erzählte ihr, dass ich gerade ein Spiel spielte, bei dem es um materielle Fülle ging; deshalb hielte ich immer Ausschau nach herumliegendem Kleingeld. Wo ich auch hinkäme, fände ich Geld, teilte ich ihr mit, und das sei wirklich vergnüglich. Ich erwähnte auch, dass es nicht bloß um Münzen zu gehen brauche; es könne auch gerne etwas Größeres sein. Sie lächelte und ließ meine Gedanken auf sich wirken, aber mir war ziemlich klar, dass sie mir nicht wirklich glaubte.

Etwas später wurde uns heiß, sodass wir uns entschlossen, in den Pool zu springen. Als Laura ins Wasser stieg, sah ich, wie sie sich an den Fuß fasste. Sie sagte, dass sie etwas zwischen den Zehen habe. Wir staunten nicht schlecht, als sie eine zusammengefaltete Zwanzig-Dollar-Banknote hervorzog, die dort festgesteckt hatte. Lauras Blick war einfach göttlich – dabei hörten die Zeichen an diesem Punkt noch nicht auf.

Später an diesem Tag unternahmen wir einen kleinen Rundgang durch die Hotelanlage. Laura erzählte mir, sie sei so deprimiert, wie ihr Leben zurzeit verlief. Ich legte den Arm um sie und versicherte ihr, wie sehr ich sie liebte. Außerdem ließ ich sie wissen, wie sehr Gott sie liebt und dass sie alle Hürden überwinden würde, wenn sie es nur wirklich glauben könnte.

In diesem Moment fiel unser Blick auf ein Werbeflugzeug am Himmel. Ich war neugierig und schlug vor: »Oh ja, lass uns mal abwarten, was der an den Himmel schreibt.« Wir sahen also dabei zu, wie der Pilot mit seinem Flugzeug schrieb: »God Loves You« (Gott liebt dich).
Auch jetzt sah Laura mich wieder an und staunte über das zeitliche Zusammentreffen unseres Gesprächs und dieser Botschaft. Ich aber lächelte nur und dankte für die Extraportion Liebe und Unterstützung, für die Gott und die Engel sorgen.

Ob Sie für sich selbst ein Zeichen brauchen oder für einen lieben Menschen – die Engel werden Ihnen immer gerne helfen. Oft birgt schon die Platzierung einer Münze eine besondere Bedeutung – wie in der folgenden Geschichte von Carole Renaud erkennbar wird. Das Zeichen der Engel erlaubte ihr und ihrem Mann einen wahren Traumurlaub:

Bei einer Reise nach Las Vegas beschlossen mein Mann und ich einen Sightseeing-Flug mit einem Kleinflugzeug durch den Grand Canyon zu buchen. Zwar fanden wir den Gedanken, in einem winzigen Flieger über den Weiten dieses Gebiets zu schweben, etwas beängstigend, andererseits wollten wir es unbedingt.
Am Morgen unserer Grand-Canyon-Tour bat ich die Engel und Erzengel Michael, mit uns zu fliegen und dafür zu sorgen, dass uns auf der Rundreise nichts passierte. Und als wir das Flugzeug bestiegen, lagen auf den uns zugewiesenen Sitzen zwei brandneue Centstücke!
Bei diesem Anblick wusste ich, dass unsere Schutzengel mit uns an Bord waren. Die Erkenntnis half uns, dem Ganzen

entspannt entgegenzusehen und den Flug zu genießen. Mit dem Wissen, dass die Engel bei uns waren, erlebten wir den unbeschreiblichen und spektakulären Anblick des Canyon.
Sooft ich an meine Reise zum Grand Canyon denke, sinne ich über diese beiden Centstücke nach und danke meinen Engeln für ihr Nahesein.

Auch wenn die Engel ohnehin beim Flug dabei gewesen wären, so waren der Trost und die beruhigende Gewissheit durch die Münzen – diese nicht zu leugnende Bestätigung – mehr wert als Gold. Die Engel stellen ihre Zeichen darauf ab, dass sie für die jeweilige Person und Situation perfekt sind.
Elizabeth Gustafsons Geschichte stellt dar, dass selbst in Momenten, wo uns aller Mut verlassen hat, noch der obskurste Fund eine nicht gleich erkennbare frohe Botschaft ist:

Eine Woche vor Weihnachten erhielt ich von heute auf morgen meine Kündigung – ein Schock für mich, zumal es ausgerechnet in der Adventszeit passierte.
Also raffte ich meine Siebensachen zusammen und trottete verloren zu meinem Auto. Und dann fiel mein Blick auf etwas am Boden: Es war ein Centstück! Ich hob es auf und beschloss, dass die Münze eine Bedeutung haben musste. Und tatsächlich, eine Stunde später fand ich heraus, was der Cent wirklich bedeutete:
Ich erhielt eine E-Mail von einem Freund, die mir beim Lesen eine Gänsehaut über den Rücken jagte – so stark war die Synchronizität. Der Freund erzählte mir von einem wohlha-

benden Mann, der einen Mitarbeiter und seine Frau eingeladen hatte, das Wochenende mit ihm zu verbringen. Sie gingen zum Essen aus, und der weibliche Gast bekam mit, wie der Chef ihres Mannes auf dem Gehweg draußen vor dem Restaurant einen Cent aufhob. Sie fand es merkwürdig – der Mann war immerhin sehr reich –, nahm aber an, dass er wohl eine Münzsammlung habe.

Beim Abendessen konnte es sich die Frau nicht verkneifen, ihren Gastgeber auf die Münze anzusprechen, die sie ihn hatte aufheben sehen. Er schmunzelte und nahm sie aus der Tasche. Während er die Münze betrachtete, fragte er die Frau, ob sie wisse, was darauf geschrieben stand. Sie dachte kurz nach, gab dann aber zu, dass es ihr nicht einfiel.

»In God we trust« (Wir vertrauen auf Gott), so heiße es da, antwortete der Mann. Sooft er einen Penny auf dem Boden sähe, so seine Erklärung, sage ihm das, dass Gott sich gerade seine Aufmerksamkeit zu sichern versuchte und mit ihm ins Gespräch kommen wollte.

Beim Lesen der Geschichte konnte ich die wundervolle und herzerwärmende zeitliche Übereinstimmung kaum fassen, die sie mir an diesem dunklen Tag darbot. Gott wollte mir zu verstehen geben, dass ich bald wieder Grund haben würde zu lächeln – so schrecklich das Ganze jetzt auch wirken mochte. Wie sich herausstellte, sollte ich kurze Zeit später den tollsten Job meines Lebens finden: in der Buchhaltung bei Hay House (dem Verlag, der die englischsprachige Originalausgabe dieses Buchs herausgibt).

Die Münzen aus himmlischen Sphären müssen nicht unbedingt eine geltende Währung aufweisen. Die folgende Geschichte von Lisa White zeigt, dass »Engelmünzen« den Trostbedürftigen genau die richtige Botschaft übermitteln können:

Ich war auf dem Weg zur Arbeit und war traurig, mutlos, einsam – insgesamt eben in einer sehr negativen Stimmung. Ich fühlte mich abgeschnitten von der Liebe unseres Schöpfers (was, wie ich wusste, an mir selbst lag).
Als ich daheim unsere Auffahrt verließ und Richtung Briefkasten fuhr, bat ich Gott, mir ein Zeichen zu schicken, dass ich geliebt werde. Emotional sehr aufgewühlt und mit Tränen in den Augen machte ich am Briefkas-ten halt. Ich tat einen tiefen Atemzug, stieg aus meinem Wagen und warf die Post in den Kasten.
Beim Umdrehen blickte ich zufällig auf den Boden. Und dort, direkt vor meiner rechten Schuhspitze, lag eine Goldmünze! Ich wusste, das war etwas Besonderes – nicht aufgrund des Geldwerts, sondern weil sie einen großen persönlichen Wert hatte. Mein Herz raste vor Erwartung, als ich mich bückte, um sie aufzuheben.
Ich traute meinen Augen kaum, als ich die Worte »Guardian Angel, watch over and protect us« (Schutzengel, wache über uns und behüte uns) auf ihrer Vorderseite las. Auf der Rückseite zeigte sie das Bild eines knienden Engels mit zum Gebet gefalteten Händen. Ich weinte und fühlte mich sofort von unserem Schöpfer geliebt und beschützt. Diese Münze ist meinem Herzen nah und teuer, und immer wenn ich mich niedergeschlagen fühle, halte ich sie und spüre die Liebe Gottes.

Lisas Erlebnis sollte ihr Leben schließlich zum Besseren wandeln, da sie dadurch nicht mehr an der Gegenwart ihrer liebenden Hüter, der Engel, zweifelte.

Eine der fundamentalsten Lektionen in der Kommunikation mit Ihren Engeln und Gott besteht darin, dass kein Problem zu klein und keine Bitte lächerlich ist. Einige Menschen haben die Befürchtung, sie würden unnötig Kapazitäten in Anspruch nehmen, die dann für andere, wichtigere Themen auf der Welt nicht mehr zur Verfügung stünden, falls sie den Himmel um Hilfe bei etwas »Kleinem« bitten. Doch für Gott und die Engel ist keine Aufgabe zu trivial und keine Bitte zu unwichtig.

Jessica Nielsens Erlebnis verdeutlicht, dass Ihr Zaudern, um Hilfe zu bitten, das Einzige ist, was Sie davon abhält, sich helfen zu lassen:

Neulich hatte ich nach einer langen Zeit der Gleichgültigkeit gegenüber Gott wieder das Gespräch mit ihm aufgenommen. Ich war noch damit beschäftigt, meine religiöse Erziehung zu überwinden, die mich gelehrt hatte, man solle sich für sich selbst schämen, und die gepredigt hatte, Gott helfe mir nur bei den großen, nicht bei den kleinen Dingen im Leben. Um diese frühe Sozialisierung hinter mir lassen zu können, sprach ich viel mit dem Schöpfer, da dies, wie ich mir überlegt hatte, der beste Weg war, eine Beziehung zu ihm zu entwickeln.

Eines Tages ging ich im College zu dem Bereich, in dem die Getränkeautomaten aufgestellt waren. Ich hatte ziemlichen Durst, aber mir fehlte ein bisschen Kleingeld, um ein Getränk kaufen zu können. Geld hatte ich zwar, aber die Automaten

nahmen keine Scheine, also bat ich laut: »Komm schon, Gott, noch einen Fünfer!«

In dem Moment hörte ich ein »Pling!« und blickte auf meine Füße hinunter. Und da lag ein glänzendes Zehn-Cent-Stück! Ich sah mich um, um zu ermitteln, woher es gekommen sein mochte. Aus meiner Brieftasche konnte es unmöglich herausgefallen sein, da ich sie gründlich durchsucht hatte. Also hob ich die Münze auf und sagte mit leicht bebender Stimme: »Danke!«

Ich vermute, Gott versuchte mir zu sagen, dass er immer da ist, selbst für Kleinigkeiten. Und ich durfte sogar das restliche Geld auf die zehn Cent behalten!

Das Leben lehrt uns Lektionen, die uns Weisheit vermitteln. Ja, es scheint, als hätten wir immer weniger Angst davor, Botschaften von oben zur Kenntnis zu nehmen, je älter wir werden.

In Anna Robilottos Geschichte wirkten ihr Vater und die Engel als Team zusammen. Und sie sorgten dafür, dass alle erkannten: Der Tod konnte den Vater nicht davon abhalten, seine Töchter zu lieben:

Bevor mein Vater starb, hatte er noch etwas Zeit mit seinen fünf Kindern verbringen können. Meine Schwester sagte ihm, dass sie und ihre Töchter gerade jeden Cent sparten, um nach Italien reisen zu können. Dads Antwort lautete: »Take care of your dimes and your dollars will take care of themselves« (frei übersetzt: Wer den Pfennig nicht ehrt, ist des Talers nicht wert).

Als wir gerade in den Wagen einstiegen, um zur Trauerfeier

meines Vaters zu fahren, fasste die Tochter meiner Schwester in ihre Manteltasche – und zog einen Zehner hervor! Sie war hoch erfreut, als sie uns allen mitteilte: »Schaut mal, ein Zehn-Cent-Stück! Das muss von Opa sein!«

Bis zum Ende des Tages hatten wir fast alle ein Zehn-Cent-Stück in einer Tasche gefunden.

Bei einer anderen Gelegenheit hatte ich gesundheitliche Probleme und bat um ein Zeichen, dass alles in Ordnung käme. Dann stand ich auf, und mir fiel etwas vom Schoß. Als ich auf den Boden schaute, sah ich zu meiner Verblüffung, dass es ein Zehn-Cent-Stück war!

Jetzt weiß ich, dass mein Vater über mich und meine Familie wacht.

Wenn Sie das nächste Mal ein Geldstück auf dem Boden finden, wissen Sie, dass solche Münzen gezielt auf Ihren Weg gelegt werden. Die Engel realisieren, dass wir gerne Geschenke erhalten, und eine geschenkte Münze hilft uns dabei, uns unterstützt zu fühlen – finanziell, emotional, spirituell und physisch. Münzen erinnern an die unbegrenzte Fülle des Universums an allem, was gut ist.

Im nächsten Kapitel soll es um ein altehrwürdiges Zeichen gehen, das wie gefundene Münzen ein Lächeln auf jedes Gesicht zaubert.

Kapitel 5

Regenbogen

Seit der Zeit der Arche Noah gelten Regenbogen historisch als Symbole für die von Gott versprochene Liebe, Fürsorge, Unterstützung und für seinen Schutz. Und da die Engelssphären aus Liebe und Lichtenergie bestehen, überrascht es nicht, dass der Himmel uns visuell verblüffende Zeichen in Form von Regenbogen schenkt.

Ein Regenbogen kann am Himmel erscheinen, von einem Kristall ausgehen, sich in einer Pfütze finden oder auf Fotos und Bildern. Wenn Sie die Engel um ein Zeichen bitten und dann einen Regenbogen sehen, so ist das ein Signal dafür, dass Ihre gesamte Situation bei ihnen in guten Händen ist. Es gleicht einem Aufruf, komplett loszulassen, sodass die himmlischen Helfer die Freiheit haben, alles so zu steuern, wie es sein soll.

Wenn Sie eine zusätzliche Bestätigung brauchen, werden die Engel gerne mit großer Begeisterung zusätzliche Zeichen liefern – wie Silvia T. erlebte:

Ich stand in meinem Leben an einem Scheideweg und wusste nicht, welche Richtung ich einschlagen sollte. Eines Tages bat ich also meine Engel, während ich am Steuer meines Wagens saß, mir als Entscheidungshilfe für die nächsten Schritte einen Regenbogen zu zeigen.
*Nur Sekunden später entdeckte ich am Straßenrand ein riesiges Plakat mit der Aufschrift »*RAINBOW ICE CREAM*«. Ich war zwar begeistert, fragte mich aber dennoch, ob es sich um einen Zufall handelte. Also bat ich meine Engel um ein weiteres Regenbogenzeichen.*
Auf dem Nachhauseweg am gleichen Tag sah ich ganz deutlich einen Regenbogen, der sich in einer Öllache spiegelte. Den ganzen Tag über bat ich um weitere Regenbogen, da ich mir wirklich sicher sein wollte, bevor ich eine wichtige Lebensentscheidung treffen würde. Als ich nach Hause kam, malte meine Tochter Taylor ungebeten und spontan einen Regenbogen für mich, sodass ich an diesem Tag gleich drei solcher Zeichen erhielt! Ich bedankte mich im Stillen bei meinen Engeln, da mir die Zeichen halfen, loszulassen und Vertrauen zu haben.

Zum Glück war Silvia geistig offen genug, um zu erkennen, dass ein bestimmtes Zeichen in unterschiedlichster Form auftreten kann, wie ihre drei Regenbogen verdeutlichen.
In der nächsten Geschichte erzählt Stephanie Black, wie ein Regenbogen zum beruhigenden Wunder wurde, das genau zur rechten Zeit zur Stelle war:

Als ich noch bei meinen Eltern zu Hause wohnte, gab es eine Menge Konflikte in der Familie, die mitunter sogar in Gewalt ausarteten.

Ich bat die Erzengel Michael und Raphael, in meinem Namen einzuschreiten, da ich nicht sicher war, wie viel von den Querelen ich noch ertragen konnte. An jenem Nachmittag fütterte ich gerade die Pferde meiner Mutter auf unserer westlichen Koppel, als ich aufblickte und einen wunderschönen Nebelbogen sah: einen Bogen aus weißem Licht, der manchmal bei Dunst oder Nebel zu sehen ist.

Ich war verblüfft! Ich hatte gerade einen Artikel über Nebelbogen gelesen. Schnell rief ich meiner Mutter zu, welche Entdeckung ich gemacht hatte, aber sie schien mich nicht zu hören, und der Regenbogen verblasste wieder. Offenbar handelte es sich um eine Botschaft speziell für mich.

Als ich später ins Haus hineinging, zog ich mich in unseren »Heilungsraum« zurück, um ein wenig Frieden und Ruhe fern von dem Konflikt zu finden. Ich hatte mich dort wohl eine knappe Minute lang aufgehalten, als meine Eltern, die seit mehr als einer Woche kaum ein Wort miteinander gesprochen hatten, Hand in Hand ins Zimmer kamen und ankündigten, dass sie gemeinsam eine Lösung finden wollten.

Ich dachte, sie wollten mich auf den Arm nehmen. Dann hörte ich die Engel in mein Ohr flüstern, dass es mit meinem Gebet an Michael und Raphael zusammenhing und dass sie mir den Nebelbogen als Zeichen geschickt hatten.

Die Probleme meiner Familie sind noch nicht ausgestanden, obwohl es danach fast ein Jahr lang einfacher war. Aber ein Wunder war es auf jeden Fall – ein Wunder, das ich nie vergessen werde.

Nebelbogen, doppelte Regenbogen und Mondregenbogen (Regenbogen, die nachts bei Mondlicht entstehen) sind

allesamt so ungewöhnlich, dass bei ihrem Erscheinen kein Zweifel an ihrer Bedeutung zurückbleibt.
Als drei Regenbogen gleichzeitig in Erscheinung traten, wurde Tracy Jones natürlich auf sie aufmerksam und sie brachten ihr den Trost, den sie dringend brauchte:

Während der Schwangerschaft mit meinem dritten Kind ergab jede medizinische Untersuchung alarmierende Resultate, weshalb man mich zu einem Spezialisten schickte. Er brachte mir dann bei, dass meine kleine Tochter wohl mit einem Down-Syndrom geboren würde.
Als wir in der Klinik waren, empfahl der Arzt dringend eine Untersuchung. Allerdings teilte man uns zugleich mit, sie habe bei einer von fünfzig Schwangerschaften die schreckliche Nebenwirkung, dass die Mutter das Kind verliere. Ich weigerte mich, diesen Test durchführen zu lassen, da ich meinem Baby keinen Schaden zufügen wollte. Ich wusste, dass ich dieses Kind so oder so umsorgen und lieben würde, also konnte ich es einfach nicht riskieren.
Dennoch war ich dabei alles andere als ruhig. Meine Gedanken waren sprunghaft und mein Herz und meine Gedanken rasten. Auf der Heimfahrt von der Praxis bestand meine Mutter darauf, dass ich langsamer fahren solle. Ein Blick auf den Tachometer belehrte mich, dass ich ohne es zu merken mehr als 160 Stundenkilometer schnell gewesen war. Daraufhin brach ich in Tränen aus und fragte mich nur noch, wie ich denn für dieses Kind und meine zwei weiteren noch kleinen Kinder sorgen und gleichzeitig einem Vollzeitjob nachgehen sollte.
Plötzlich erfüllte mich dieser unglaubliche Frieden ... Ich

blickte zum Himmel hinauf: Dort oben standen drei komplette Regenbogen, die sich über mein gesamtes Blickfeld erstreckten. Meine Mutter und ich waren sehr berührt. Es schien unmöglich, denn es hatte gar nicht geregnet. Noch nie in unserem Leben hatten wir den gesamten Himmel mit Regenbogen bedeckt gesehen, und schon gar nicht an einem perfekt klaren Tag.

Während wir quasi unter diesen Regenbogen hindurchfuhren, fühlten wir sofort tiefen Frieden, weil wir wussten, dass Gott alles in der Hand hatte und dass wir vertrauen sollten. Ich glaube, die Engel waren an diesem Tag bei uns und ein höheres Wesen hatte über alles die Kontrolle. Ich spürte die Gegenwart von beiden für den gesamten Rest meiner Schwangerschaft.

Etliche Monate später kam ich mit einem kerngesunden Baby aus der Klinik nach Hause! Medizinisch gesehen ist meine Kleine vollkommen in Ordnung. Die Ärzte und meine Verwandtschaft waren sichtbar erleichtert. Meine Mutter und ich hatten es schon gewusst; immerhin hatten uns Gott und die Engel mit den Regenbogen ein derart klares Signal gegeben.

Was für ein herzerwärmender Weg der Engel, Tracy aufzubauen! Sie wussten, dass es für die werdende Mutter und das Ungeborene gesünder war, wenn Tracy in ihrer Schwangerschaft die Ruhe bewahren und sich freuen konnte. Das resultierende Wunder ist ein zentrales Beispiel dafür, wie Gott und die Engel uns ihre Liebe übermitteln.

Der Zeitpunkt, zu dem die Engel Regenbogen auftauchen lassen, gehört zu den bemerkenswertesten Aspekten ihrer Gegenwart. Ich, Charles, bin noch nie jemandem begegnet,

der um ein Zeichen bat, daraufhin einen Regenbogen sah und weiterhin Zweifel hegte. Es muss nicht einmal regnen, damit sich einer am Himmel zeigt. Wenn die Engel Ihnen einen Regenbogen schenken wollen, dann wird er auftauchen, und Sie werden entsprechend geführt werden, damit Sie ihn sehen – wie Lisa J. Woods Geschichte zeigt:

Ich tat mich schwer damit, aus einer Beziehung auszusteigen, die gleichsam vergiftet war, denn ich wusste zwar, dass mein Partner absolut der Falsche für mich war, liebte ihn aber trotzdem noch. Obwohl ich mich also von ihm trennte, steckte ich sehr in Konflikten.
Eines Tages traf ich die Entscheidung, seine Fotos auf meinem Handy zu löschen – als Symbol dafür, dass ich mich von der Beziehung löste. Ein paar Minuten danach zog es mich zu einem nahen, aber um die Ecke gelegenen Fenster. Als ich hinausschaute, wölbte sich strahlend hell und wunderschön ein Regenbogen direkt vor mir, obwohl es nicht geregnet hatte! Ich hatte das Gefühl, dies war ein Zeichen, das bestätigte, dass ich das Richtige getan hatte, indem ich die Beziehung aufgab. Ich empfand unglaubliche Erleichterung und Frieden.

Regenbogen sind nicht nur Zeichen, sondern auch Geschenke, die Ermutigung und Führung von der anderen Seite darstellen. Zuweilen empfangen wir diese Zeichen, selbst wenn wir wissen, dass wir uns auf dem richtigen Weg befinden, und sie dienen dazu, uns mit derselben Freude und Schönheit zu erfüllen, mit der Regenbogen geschaffen werden.
Kathy Shogrens Geschichte stellt dar, wie liebe Verstorbene

uns auf bezaubernde Weise daran erinnern, dass sie bei uns sind und unser Handeln billigen:

Meine geliebte Airedaleterrier-Hündin Rosebud verstarb nach langer Krankheit in meinen Armen. Nach ihrem Tod sprach ich mit ihr im Himmel. Rosebud wusste, wie sehr ich sie vermisste und wie sehr ich einen Hund in meinem Leben brauchte, also bat ich sie, den nächsten für mich auszuwählen.

Ehe ich mich versah, hatte ich die Eingebung, mir eine Airedale-Website anzusehen, auf der herrenlose Hunde vorgestellt wurden, die ein liebevolles Zuhause suchten. Als ich im Internet stöberte, geschah es noch nicht mit der Absicht, sofort einen neuen Hausgenossen zu finden. Da war einfach etwas, das mich anstieß, dort nachzusehen.

Aber als ich dann ein Foto von Jake und Molly sah – ein Geschwisterpaar, das Tierschützer gerettet hatten –, wusste ich gewissermaßen, dass sie jene Tiere waren, die Rosebud für mich ausgesucht hatte. Jake und Molly waren Mischlinge und deshalb schwer zu vermitteln. Sie brauchten uns und wir brauchten sie, da meinem Mann Randy und mir der Tod von Rosebud sehr zu Herzen ging.

Also trafen wir die Vorbereitungen, Jake und Molly zu uns zu nehmen. Am selben Tag, an dem wir die Hunde abholen wollten, betrat Randy plötzlich mit Tränen in den Augen das Zimmer: Er könne es nicht fassen, aber draußen sei ein herrlicher, sich weit ausbreitender doppelter Regenbogen! Nun, er staunte darüber, aber ich lächelte nur und meinte nüchtern: »Das kommt daher, dass Rosebud einen Regenbogen für Jake und einen für Molly geschickt hat.«

Ich wusste, dass dies ihr Zeichen war, mit dem sie andeutete, dass sie im Himmel sicher und glücklich war und dass wir ihren Segen hatten, unser Leben weiterzuleben und den Hunden, die sie für uns ausgewählt hatte, unsere Liebe und ein großartiges Zuhause zu schenken.

Dieses Jahr feiern wir mit unseren »behaarten Kindern«, die selbst wunderbare, engelsgleiche Kreaturen sind, unseren sechsten Jahrestag.

Wie tröstlich der doppelte Regenbogen für Kathy war! Wenn die Trauer Ihnen das Herz schwer macht, können Sie die himmlischen Wesen bitten, Ihnen ein Zeichen Ihres geliebten Menschen zu schicken. Die Engel wählen genau das richtige Zeichen, um die ewige Liebe Ihres Freundes, Ihrer Freundin oder eines Angehörigen zu übermitteln. Und manchmal kann sich das Zeichen in Form einer Stimme einstellen, wie wir im nächsten Kapitel darlegen.

Kapitel 6

Himmlische Stimmen

Die bisherigen Geschichten haben gezeigt: Sie werden die Bedeutung eines Zeichens im selben Moment spüren, in dem Sie es erhalten. Sie erkennen oder spüren einfach, welche Bedeutung es im Hinblick auf Ihre Fragen und Themen hat. Und doch kommunizieren die Engel manchmal (zum Beispiel, wenn besondere Dringlichkeit besteht) auf eine Weise, die hundertprozentig offensichtlich ist, sodass jedes Missverständnis und jede Mehrdeutigkeit ausgeschlossen sind.

Ob Notfall oder übergroße persönliche Belastung: Die einzige Möglichkeit, wie die Engel sicherstellen können, dass Sie sie hören, ist die direkte verbale Kommunikation. Und wenn die Engel sprechen, besteht kein Zweifel an ihrer Botschaft und Bedeutung, und Sie sollten auf jeden Fall hinhören.

»Hören« lässt sich hier auf verschiedene Weisen definieren.

Am offensichtlichsten ist das tatsächlich hörbare Erkennen einer Stimme oder Botschaft, als würde jemand physisch etwas zu Ihnen sagen. Außerdem gibt es eine Art inneres Hören, bei dem Sie auf der geistigen Ebene Botschaften empfangen; sie können ein Gefühl vermitteln, als würden sie laut ausgesprochen, kommen aber aus Ihrem eigenen Inneren.

Uns allen hat man beigebracht, Stimmen höre nur jemand, der verrückt ist. Aber wie Sie in diesen Kapiteln lesen, ist es oft das geistig Gesündeste, was Sie tun können, auf die Worte eines Engels zu lauschen. Unsere himmlischen Hüter sprechen unentwegt mit uns, gewöhnlich in flüsterleisem Ton, sodass wir sie eher spüren als hören. In schwierigen Zeiten jedoch sind die Engel laut und deutlich zu vernehmen, und ihre Stimme gibt uns Zeichen und führt uns, wenn es darum geht, wie wir handeln sollen.

Als Linda Pullano nach ihrer Operation innere Blutungen hatte, waren ihre Engel sofort zur Stelle, um ihr mit Worten und körperlich zu helfen:

Nach einer Gebärmutter-OP verbrachte ich die übliche Zeit im Aufwachraum und wurde schließlich in mein Krankenhauszimmer geschoben. Ich weiß nicht, wie lange ich dort gelegen hatte, als ich plötzlich eine heftige Explosion in meinem Magen spürte. Ich hatte rasende Schmerzen, was für mich eher ungewöhnlich ist, da ich normalerweise eine Menge aushalte. Von daher wusste ich, dass hier etwas ganz und gar nicht stimmte.

Spontan begann ich mit großer Ehrerbietung und Inbrunst das Vaterunser aufzusagen. Auf der Stelle umgab mich ein strah-

lend helles Licht. Ich fühlte mich wie in einer schützenden Blase eingeschlossen, die ganz von Liebe, Heilung und Ruhe erfüllt war. Ich war schmerzfrei!

Mich ergriff ein ehrfürchtiges Staunen, ein Gefühl der Seligkeit und des Friedens und ich wusste, dass Gott gegenwärtig war. Ich wusste auch, dass ich geliebt wurde und dass ich wichtig war. Dann sagte eine Stimme: »Was du fühlst, das sind die Gebete.«

Die Stimme wiederholte diese Aussage fünfmal, bevor ich antwortete. Ich wusste, dass ich die Stimme eines Engels hörte. Daraufhin sagte ich zu der Engelpräsenz: »Ich habe ja immer gewusst, dass Gebete etwas bewirken, aber ich habe noch nicht gewusst, dass man sie fühlen kann.« Dann, fast wie eine Art großes Finale, wiederholte die Stimme exakt dieselbe Aussage noch einmal, absolut gebieterisch und gleichzeitig ehrerbietig. Ich empfand in diesem Moment eine solche Dankbarkeit und Demut und fühlte mich so sehr geliebt, dass ich es niemals vergessen werde.

Dann offenbarte mir der Engel, dass ich mich selbst gesund machen konnte. Das Eigenartige ist, dass ich zu diesem Zeitpunkt – in diesem Zustand des Gotteslichts – wusste, dass der Engel recht hatte: Ich konnte es in der Tat. Als Nächstes erhielt ich die Anweisung, Licht in meinen Kopf zu ziehen und in meinen Bauch hinunter.

Während ich Licht in meinen Kopf und dann in meinen Magen zog, wurde ich Zeugin eines unglaublichen Heilungsprozesses. Damals wusste ich allerdings nicht, dass dem so war, aber ich wusste, dass ich inmitten von etwas göttlich Geleitetem war. Ich konnte alles vor mir sehen, was dabei ablief. Als die strahlende Helligkeit meinen Körper zu durch-

dringen begann, wirkte sie wie ein starker Scheinwerfer in einem dunklen Theater. Die Lichtsäule kam herab, und man konnte den massiven Turm sehen, aber auch die feinen, fadenartigen Teilchen in ihr. Sie ergossen sich durch meinen Kopf in meinen Magen und verwandelten sich dann in Milliarden von Partikeln aus Gotteslicht.

Ich weiß, dass es merkwürdig klingt, aber die Lichtpartikel hatten Münder (wie in dem Videospiel Pac-Man), und sie begannen etwas in meinem Magen aufzufressen. (Erst später kam ich dahinter, dass es Blut war, das sie verzehrten.) Sie waren allesamt mit einer Intelligenz ausgestattet, und jede hatte einen besonderen Auftrag zu erfüllen. Auch die große Masse des Lichtturms war intelligent. Diese Lichtsäule strömte mit intensiver Geschwindigkeit und Macht durch meinen Kopf. Es war so laut, dass ich mir die Ohren zuhalten musste. Es war unglaublich. Während dies geschah, betete ich unablässig.

Dann war das Ganze vorbei, und ich sah, dass der Arzt mit bangem Gesicht an meinem Bett saß. »Wir haben hier Blutungen!«, rief er in den Raum. Ich hatte starke innere Nachblutungen. Während die Schwester eine Kanüle an meinem Arm anbrachte, erklärte mir der Arzt, dass ich auf der Stelle eine Bluttransfusion brauchte. Doch ich versicherte ihm, dass sich eine zweite Operation erledigt habe, nachdem er mich darüber informiert hatte, dass man mich nach Abschluss der Transfusion noch einmal öffnen müsse, um die innere Blutung zu stoppen.

Ich wiederholte noch einmal, dass eine zweite Operation nicht mehr nötig sei, da ich gerade eine Wunderheilung erlebt hätte. Und ich klärte ihn darüber auf, dass ich mir als professionelle

Sängerin keinen Schnitt durch die Bauchdecke leisten konnte. Der Arzt gab zurück, ihm bleibe keine andere Wahl. Worauf ich ihm erklärte, dass ich nach einem Eingriff dieser Art nicht weitersingen könne. Ich sah es ihm an, dass er glaubte, ohne die OP würde ich womöglich sterben, und dann wäre es definitiv aus mit dem Singen. Aber ich wusste einfach mit jeder Faser meines Seins, dass alles in Ordnung war. Ich erkannte, dass ich ein außerordentliches Wunder erlebt hatte.

Der Arzt tätschelte daraufhin meinen Arm und beharrte darauf, dass wir uns um 7 Uhr in der Frühe im OP treffen müssten.

Am anderen Morgen trat er an mein Bett und sagte: »Wissen Sie, Linda, der menschliche Körper ist an sich eine Wundermaschine. Irgendwie hat es Ihr Körper geschafft, selbst seine Blutungen zu stoppen.«

»Ich weiß«, gab ich zurück. »Das habe ich Ihnen ja schon gestern Abend gesagt.«

Das Wunder bewirkte, dass ich mich wie im siebten Himmel fühlte. Es war eine göttliche Intervention im Sinne meines eigenen spirituellen Wachstums.

Lindas Leben wurde durch die Engel gerettet, und dies bestätigten sie ihr durch Botschaften, die mehr als laut und deutlich waren. Manchmal gibt uns der Himmel gerade eben genug Informationen, damit wir uns unseren nächsten Schritt zusammenreimen können – wie Atherton Drenth herausfand. Als sie ständig Zeichen in Form von Skarabäen erhielt, bedurfte es schon der Stimme eines Engels, um deren Bedeutung zu verstehen und ihr wahres Zuhause zu entdecken:

Vor zehn Jahren hatte ich einen Traum, in dem ich beim Aufwachen eine sehr große Wunde an meiner rechten Wange entdeckte. Als ich sie öffnete, schlüpfte ein riesig großer, perlmuttfarbener Skarabäus aus meinem Gesicht heraus. Ich war so schockiert, dass ich nach Luft schnappend senkrecht im Bett saß und plötzlich hellwach war. Der Traum rüttelte mich wirklich auf, und im Verlauf der nächsten anderthalb Jahre musste ich Tag für Tag an ihn denken und fragte mich immer wieder, was er bedeutete.

Ich befragte eine Menge Leute, was er ihrer Meinung nach heißen sollte, und alle fragten einhellig zurück: »Was bedeutet er für dich?« Das war sehr frustrierend und nicht, was ich mir erhofft hatte.

Eines Tages beschlossen mein Mann und ich, mit den Kindern nach Toronto zu fahren, um uns im Museum eine Ausstellung mit Exponaten aus dem alten Ägypten anzusehen. Während wir durch die Ausstellung schlenderten, kamen wir auch an einem Schaukasten vorbei, in dem das Modell einer ägyptischen Pyramide präsentiert wurde. Am Sockel befanden sich zahlreiche Skarabäen, und daneben stand der Hinweis: »Initianden erhielten Skarabäen, um ihr Erwachen beim Antritt der Mysterienreise zu kennzeichnen.« Ich war völlig verblüfft.

Einige Zeit später wollte ich ein Haus kaufen. Sosehr ich auch darauf hinarbeitete, eines zu bekommen – nirgendwo tat sich eine Möglichkeit auf.

Eines Tages lief mir zufällig eine Freundin über den Weg, und prompt fragte sie mich: »Hast du dein Haus schon gefunden?«

Ich seufzte nur: »Ich gebe es auf. Mir reicht's! Schluss mit der

Sucherei, ich habe keine Lust mehr, mir deshalb die Hacken abzulaufen.«

Von diesem Punkt an wurde alles anders, und die Türen öffneten sich vor mir! Fünf Minuten später entdeckte ich vom Auto aus ein Schild mit der Aufschrift »For Sale« (Zu verkaufen) und hörte eine leise Stimme sagen: »Das ist es.« Ich bremste scharf, parkte den Wagen und zückte mein Handy, um meinen Makler anzurufen. Nun ist er immer schwer beschäftigt und nie im Büro anzutreffen; von daher kann man sich meine Überraschung vorstellen, als er sich tatsächlich meldete. Ich sagte ihm, dass ich mir dieses Haus gerne ansehen würde, und er organisierte noch für den gleichen Abend einen Termin für mich.

Schon in dem Moment, als mein Mann und ich an diesem Abend das Haus betraten, wusste ich: Das ist es wirklich! Nur die Frage, wie viel es wohl kosten würde, lag mir noch etwas im Magen. Während wir die Treppe hinaufstiegen, rief ich Erzengel Michael an und sagte zu ihm: »Wenn ich das wirklich durchziehen soll, brauche ich einen greifbaren Beweis von dir. Ich muss etwas in der Hand haben, an dem ich mich festhalten kann – etwas, das ich greifen und behalten kann, sodass ich ohne jeden Zweifel weiß, dass dieses Haus und diese Vision der Wahrheit entsprechen und dass wir dabei geführt werden.«

Da hörte ich eine Stimme sagen: »Schau in die Ecke.« Ich drehte mich um, und dort auf dem Boden lag doch tatsächlich eine Brosche mit einem Skarabäus! An diesem Punkt wusste ich, dass es richtig war. Zwei Stunden später wurde unser Angebot für das Haus angenommen. Es ist jeden Tag aufs Neue eine Ehre und ein Segen, dieses Heim zu bewohnen.

Die Skarabäen bildeten für Atherton die Wegweiser, die sie zu ihrem Traumhaus führten. Nachdem ihr klar wurde, dass sie Zeichen für den »richtigen« Weg waren, erhöhte sich die Wahrscheinlichkeit, dass sie die vielen Erscheinungsweisen der Skarabäen wahrnahm.

Die Zeichen und Symbole, die jemand erhält, sind immer einzigartig und ganz persönlicher Natur, aber wenn Sie die Ihren nicht sehen oder verstehen, heißt es unbedingt, bei Ihren Engeln nachzufragen. Und wie Julie Annette Bennett entdeckte, ist es um der eigenen Sicherheit willen wichtig, auf die Zeichen zu hören:

Mit 24 war ich Single, und mein Leben sah so aus, dass ich von Montag bis Freitag arbeitete und am Freitag- und Samstagabend um die Häuser zog. Zusammen mit meinen Freundinnen durchzechte und durchtanzte ich dann ganze Nächte. Unsere Lieblingsdisco war das »Red Onion« in Woodland Hills, Kalifornien.

Eines Freitagmorgens schälte ich mich wieder einmal um 6 Uhr in der Frühe aus dem Bett. Groggy wegen Schlafmangel, stellte ich die Kaffeemaschine an und ging duschen, und dabei dachte ich schon an den bevorstehenden Abend und die kommende Nacht. Ich spürte regelrecht, wie die Bässe wummerten, während ich so tat, als würde ich mit einem Mann aus dem Büro tanzen, der – offen gestanden – nicht ganz frei war. Plötzlich ertönte aus meinem tiefen Innern eine laute Stimme: Geh heute Abend nicht hin!

Warum nicht?, fragte ich im Geist ebenso schnell zurück.

Geh einfach heute Abend nicht hin!, schien die Stimme in meinem Kopf zu antworten.

Als ich mich für die Arbeit anzog, wählte ich bewusst ein Outfit, das ich auch am Abend noch in der Disco tragen konnte. Und wieder hörte ich die Stimme sagen: Geh heute Abend nicht hin!

Ein wenig genervt darüber, wie hartnäckig die Nachricht wiederkehrte, beschloss ich, meine Discosachen vorsichtshalber trotzdem einzupacken, nur für den Fall, dass ich nach der Arbeit doch noch loswollte. Den ganzen Tag über wiederholte die Stimme ihre Warnung, aber ich war jung und starrköpfig, und so schlug ich die Ermahnung in den Wind, wild entschlossen, mir das Tanzvergnügen nicht verderben zu lassen.

Um fünf verließ ich das Büro, um nach Woodland Hills und zum »Red Onion« zu fahren, obwohl die Stimme mich unterwegs weiterhin warnte. Mit verführerischer schwarzer Spitzenbluse und Minirock, ganz darauf aus, allen den Kopf zu verdrehen, schlenderte ich in das »Red Onion« hinein. Meine Freundin Pat wartete schon an einem der Tische auf mich, und wir bestellten uns etwas zu trinken. Kurz darauf überließen wir es Ken, einer Kollegin und Freundin, die Stellung zu halten, während wir kurz auf die Toilette gingen. Wir wussten, dass es sehr bald so voll werden würde, dass man kaum noch einen Stehplatz fand, geschweige denn einen Platz an einem Tisch.

In der Abgeschiedenheit der Toilettenkabine spürte ich, wie Angst in mir aufstieg und mich völlig in Beschlag nahm. Im Stillen betete ich: Bitte, lieber Gott im Himmel, was auch immer heute Nacht geschieht, lass mich nicht sterben!

Bald fühlte ich mich wieder etwas besser und spazierte mit Pat zurück zu dem Tisch, an dem Ken auf uns wartete. Als die Angst mich erneut würgte, schaute ich meine Freundinnen an

und deutete an: »Ich weiß nicht, was es ist, aber irgendetwas Schreckliches wird heute Abend passieren.« Sie sahen mich an, als wäre ich kurz vor dem Durchdrehen, und ich konnte es ihnen in diesem Moment nicht verdenken.

Ein paar Minuten später lud mich ein gut aussehender Mann zum Tanzen ein. Ich bat Pat, auf meine Handtasche aufzupassen, während wir tanzten. Doch kaum war ich an den Tisch zurückgekehrt, vermisste ich meine Handtasche. Ich fragte Pat, ob sie sie woanders hingelegt hätte, was sie aber verneinte. Und an diesem Punkt wurde mir klar, warum mich die Stimme den ganzen Tag über gewarnt hatte: Meine Handtasche – und mit ihr mein Schlüsselbund, mein Führerschein und meine Kreditkarten – war verschwunden!

Da meine Schlüssel gestohlen worden waren, fuhr ein Bekannter, John, mich nach Hause. Zu meinem Entsetzen stand die Haustür sperrangelweit offen, und als wir ins Haus traten, bot sich ein noch schlimmerer Anblick: Meine Sachen lagen überall auf dem Fußboden verstreut. Der Dieb meiner Handtasche hatte sich mit meinen Schlüsseln auch Zugang zu meinem Haus verschafft, da meine Adresse im Führerschein eingetragen war.

Obwohl ich mich rückblickend frage, warum ich nicht auf die Warnung gehört hatte, bin ich doch dankbar, dass es mir dieser leidige Zwischenfall ermöglichte, meinen Engeln zu begegnen. Und jetzt höre ich auf sie!

Wenn Sie die Gewohnheit entwickeln, auf die Engel zu hören, werden Sie sich gesegnet fühlen und mit Staunen erleben, wie die Engel immer wieder Beweise ihrer Gegenwart bieten; sie sind nicht nur unentwegt um Sie herum,

sondern für immer und ewig an Ihrer Seite. Lassen Sie es zu, dass Sie mithilfe des Wissens und der Weisheit der Botschaften, welche die himmlischen Helfer für Sie bereithalten, zu Ihrer eigenen Kraft finden.

Judy Balcomb-Richeys Geschichte zeigt, dass dies sogar eine lebensrettende Entscheidung sein könnte:

Eines Mittags fuhr ich in meiner Pause nach Hause. Der Apartmentkomplex, in dem ich wohne, war menschenverlassen, da die meisten Leute bei der Arbeit waren. Der Häuserblock bestand aus vier Gebäuden mit je vier Wohnungen: zwei oben und zwei unten. Ich wohnte in einem der oberen Apartments.

Ich bereitete mir etwas zum Lunch und ließ mich auf dem Sofa nieder, um den Fernseher anzustellen und dabei zu essen. In dem Moment hörte ich, wie sich die Tür zu unserem Gebäude knarrend öffnete und wie Schritte die Treppe heraufstapsten. Ich vermutete, Susan, meine Nachbarin aus der Wohnung unter mir, machte wohl auch Mittag und hatte meinen Wagen gesehen. Wir waren gute Bekannte, und manchmal kam sie herauf, um nachzusehen, ob wir wohl beide zur gleichen Zeit Mittagspause hatten. Da klopfte es auch schon an meiner Tür, und ich sprang auf, um zu öffnen.

Plötzlich hörte ich eine ganz klare Stimme in meinem rechten Ohr: »Mach nicht auf!« So etwas hatte ich noch nie erlebt. Die Stimme war so eindringlich, dass ich mich der Tür nur näherte und fragte: »Wer ist da?«

Eine Männerstimme antwortete: »Telefongesellschaft.«

Jetzt schellten bei mir die Alarmglocken. »Ja, ich höre«, sagte ich. »Gibt es ein Problem?«

Er geriet etwas ins Stammeln, als er zurückgab: »Nein, ich wollte Ihnen nur sagen, dass wir hier in der Gegend Arbeiten durchführen. Es kann sein, dass Ihre Telefonleitung in der Zeit tot ist.«
Ich bedankte mich, und er ging wieder die Treppe hinunter. Ich lauschte: Er klopfte an keine andere Tür. Später wurde mir klar, dass er womöglich durchs Flurfenster auf dem oberen Treppenabsatz gesehen hatte, in welche Wohnung ich gegangen war. Ich sah nach, ob draußen ein Handwerkerfahrzeug parkte, aber da war keines.
Nach meiner Rückkehr an den Arbeitsplatz rief ich bei der Telefongesellschaft an, um nachzufragen, ob es üblich sei, dass ein Servicetechniker von Tür zu Tür ging, um Kunden von einer vorübergehenden Störung in Kenntnis zu setzen. Natürlich war es das nicht. Später fiel mir noch ein, dass eine Woche zuvor eine junge Ärztin aus ihrer Wohnung verschwunden war: Man fand ihre Tür offen vor, aber von ihr selbst entdeckte man nie mehr auch nur die geringste Spur. Ich hatte mir damals nicht viel dabei gedacht, aber sie wohnte nur dreieinhalb Kilometer von mir entfernt. Vielleicht bestand hier gar kein Zusammenhang; dennoch bin ich sicher, dass mich die Stimme des Engels davor bewahrte, das Opfer eines Überfalls zu werden, und dass sie mir wahrscheinlich das Leben rettete.

Die Engel sind nicht nur hier, um uns zu beschützen, sondern auch um uns Mut zu machen und zu beruhigen. Wenn wir Entscheidungen zu fällen haben, die unser ganzes Leben verändern, kann schon das Gefühl entstehen, allein und verletzlich zu sein. Mitunter führt das dazu, dass wir getroffene Entscheidungen bedauern – es passiert so leicht, dass

wir dann vergessen, warum wir überhaupt zu dem Schluss gelangt sind, etwas so Extremes tun zu wollen.
Haben Sie mit einer Entscheidung zu kämpfen, dann denken Sie daran, offen dafür zu bleiben, die Botschaften der Engel zu hören. Bleiben Sie stark! Vergegenwärtigen Sie sich: Sie werden geliebt, Sie sind nie allein und Sie werden immer auf Ihren wahren Weg geleitet, sofern Sie genug Vertrauen zu den Engeln haben, um auf sie zu hören. Das stellte auch Diana Sanders fest:

Obwohl ich mir die Entscheidung alles andere als leicht machte, verließ ich meinen Mann. Meine Töchter, beide im Collegealter, waren damit nicht glücklich, auch wenn sie wussten, dass es zwischen mir und meinem Mann sehr schlecht stand. Meine Jüngste wollte mich sogar nicht einmal mehr sehen oder mit mir reden.
Ich bat die Engel um Hilfe, aber die Sache mit meinen Kindern verschlimmerte sich nur noch. Ich war am Boden zerstört. Ich wollte meine Beziehung zu ihnen nicht aufs Spiel setzen; insofern begann ich meine Entscheidung infrage zu stellen und überlegte mir schon, ob ich nicht lieber nach Hause zurückkehren sollte. Aber meine innere Stimme sagte unentwegt: Hab einfach Geduld – es wird schon alles gut.
Als ich dann eines Tages auf der Fahrt zur Arbeit war und wegen der Schwierigkeit mit meinen Töchtern bittere Tränen vergoss, hörte ich eine klar vernehmbare Stimme: »Alles ist in Ordnung. Ich bin Gabriel.«
Ich zuckte zusammen. Das war keine »innere Stimme« – nein, mir wurde laut hörbar quasi ins Ohr geschrien! Ich begriff nicht, was da geschah, und dachte mir, dass ich wohl

am Durchdrehen sei. Gabriel? Ich konnte doch wohl unmöglich ihn gehört haben. Aber die Stimme sagte erneut: »Ich bin Gabriel.« Ich zweifelte an meinem Verstand. Dann hörte ich nicht nur zum dritten Mal: »Ich bin Gabriel«, sondern es sauste auch noch ein Lkw an mir vorbei, auf dem seitlich der Schriftzug »Gabriel's Land-scaping« angebracht war!
Von da an wusste ich, dass mit meinen Kindern alles klargehen würde, und zog meine Entscheidung nie wieder in Zweifel. In der Tat söhnten wir, meine Töchter und ich, uns innerhalb weniger Tage nach diesem Vorfall wieder miteinander aus. Nicht dass wir nie wieder schwierige Tage gehabt hätten, aber ich wusste, dass alles bestens verlaufen würde, wenn ich meine Beziehung zu ihnen in Gabriels Hände legte.
Erst als ich ein paar Jahre später ein Engelseminar besuchte, erlebte ich einen Aha-Effekt, weil ich erfuhr, dass Gabriel über Kinder wacht. Ich bin so dankbar für seine unentwegte Hilfe und Führung.

Die Engel halten in physisch und emotional gefährlichen Situationen unsere Hand und bewahren uns vor Schaden. Manchmal brauchen sie dabei jedoch auch unsere Hilfe: An diesem Punkt geben sie uns Botschaften, die man unmöglich *nicht* mitbekommen kann, von der Art, wie sie Christine Marsh erhielt:

Während ich mich darauf vorbereitete, von der Highschool nach Hause zu gehen, erhielt ich eine ganz deutliche Botschaft von einer männlichen Stimme, die unmittelbar außerhalb meines Ohres zu hören war: »Bitte sei vorsichtig, wenn du die Straße überquerst!«

Es kam, wie es kommen musste: Als ich auf dem Nachhauseweg von der Schule zum Busbahnhof im Begriff war, den Fuß auf eine Kreuzung zu setzen, hatte ich ein Gefühl, als würde ich sachte auf dem Gehweg zurückgehalten. Ein roter Kleintransporter raste heran, und bis der Fahrer es geschafft hatte, ihn zum Stehen zu bringen; befand er sich schon mitten auf dem Zebrastreifen und musste zurücksetzen, um mich hinüberzulassen. Wäre ich ein paar Sekunden früher losgegangen, hätte er mich mit größter Wahrscheinlichkeit erwischt.

In der nächsten eindrucksvollen Geschichte berichtet Maureen O'Shea, wie gut es ist, auf die tröstlichen Botschaften unserer Schutzengel zu hören und ihnen zu glauben:

Als Katholikin bin ich in der Ära von Höllenfeuer und Schwefel und der guten alten katholischen Schuldgefühle aufgewachsen. Segensreicherweise verließ mich dabei jedoch nie das innerliche Gespür dafür, dass Gott liebevoller war und weniger zum Verurteilen neigte, als die Kirche uns damals glauben machte.
Dennoch war mir gar nicht klar, wie sehr mich Gott liebt, bis ich mit meinem ersten Kind im vierten Monat schwanger war. Meine Mutter, die für die Lokalzeitung schrieb, verspürte eines Tages den Drang, mir Schauergeschichten zu erzählen, die sie in der Nachrichtenredaktion gehört hatte: von Babys, die mit schrecklichen Missbildungen auf die Welt kamen, weil ihre Mütter vor der Schwangerschaft Drogen genommen hatten. Nun ja, das war in den 1970er-Jahren; von daher hatte

ich ebenfalls einige Straßendrogen ausprobiert, wie damals ein Großteil der Jugend.

Nachdem ich die Storys gehört hatte, war ich das reinste Nervenbündel. Ich konnte nicht schlafen, ich brachte kaum einen Bissen herunter, ich war angespannt und ängstigte mich. Aus Schuldgefühlen und Scham hatte ich das Gefühl, mit niemandem über meinen Kummer reden zu können. Natürlich konnte ich auch nicht meinen Arzt fragen. So ging es vielleicht zwei Monate lang. Als ich schließlich eines Nachts im Bett lag und die Decke anstarrte, hörte ich eine Stimme in meinem Kopf – keinen Gedanken, sondern eine richtige Stimme –, die ganz deutlich sagte: »Es ist ein Junge, und es ist alles in Ordnung mit ihm.«

Ich wusste, dass diese Botschaft von Gott kam. Die restliche Nacht über schlief ich so friedvoll wie seit Monaten nicht mehr. Die Wochen vergingen, ohne dass ich noch ein einziges Mal einen bangen Gedanken hatte. Und als der Arzt am Ende der neun Monate – und nach 20 Stunden Wehen – verkündete: »Es ist ein Junge!«, versetzte ich: »Ja, klar!« Und natürlich kam mein Sohn auch kerngesund auf die Welt, wie Gott es versprochen hatte.

Außer der Stimme unserer Schutzengel können wir auch die Stimme eines geliebten Verstorbenen hören, die uns Trost und Beruhigung spendet – wie Brunella erfuhr:

Mein Mann starb mit 51 Jahren plötzlich und unerwartet an einem schweren Herzinfarkt, der ihn beim Basketballspielen ereilte. Jim und ich waren zusammen, seit wir 18 waren, und seit 27 Jahren waren wir verheiratet.

Wie betäubt saß ich nach der Nachricht seines Todes auf der Couch und starrte vor mich hin. Mein Haus war voll von Angehörigen und Freunden, die versuchten, mir unter die Arme zu greifen, aber ich konnte nichts anderes tun, als ungläubig und wie im Schock vor mich hin zu starren. Plötzlich hörte ich in meinem rechten Ohr ein schnelles, geflüstertes »Ich liebe dich«. Es war flüchtig und leise, aber ich hörte die Worte so klar wie jedes andere Geräusch im Raum. Ich verzog keine Miene und erwähnte es niemandem gegenüber, da ich wusste, dass die Botschaft nur für mich allein gemeint war. Diese drei kleinen Worte halfen mir, meine Trauer besser zu ertragen. Und ich danke meinen wundervollen Engeln, dass sie mir geholfen haben, die Verbindung mit Jim herzustellen.

Manchmal werden Stimmen und Botschaften von körperlichen Empfindungen wie einem Frösteln begleitet – wie die nachfolgende Geschichte von Anne Jay verdeutlicht. Der Körper weiß und spürt, was geschehen wird. Vertrauen Sie ihm!

Der Hund von einem meiner Freunde war entlaufen, und er suchte ihn überall. Als ich davon hörte, sprach ich das Gebet für ein verloren gegangenes Haustier in »Das Heilgeheimnis der Engel«.

Ein Jahr später fuhr ich die Landstraße entlang, auf der der Hund zum letzten Mal gesehen worden war. Plötzlich durchrieselte mich ein Frösteln (das geschieht immer, wenn Erzengel Michael in der Nähe ist), und ich hörte eine Stimme: »Der Hund ist wieder da.« Dieses Gefühl blieb mir erhalten, bis ich nach Hause zurückkehrte.

Im weiteren Verlauf des Tages erfuhr ich, dass der Hund meines Freundes um zwölf Uhr mittags gefunden worden war, genau zu der Zeit, als ich das Frösteln erlebt und die Stimme gehört hatte. Jetzt weiß ich, dass die Engel unsere Gebete immer hören und dass es in der Tat Wunder gibt!

In vielen Geschichten dieses Buches, jener von Anne Jay inbegriffen, werden Gebete dann erhört, wenn die Betreffenden die Zeichen von oben wahrnehmen und ihnen Folge leisten. Selbst in den prekärsten Situationen, in die wir uns verirren, sind die Engel stets da, um uns einen liebevollen, wertungsfreien Schubs in Richtung Sicherheit und Wohlergehen zu verpassen. Alles, was wir zu tun haben, ist hinzuhören – wie Jennifer Santiago herausfand:

Unglaublich müde war ich eines Nachts auf dem Heimweg. Einen knappen Kilometer von meinem Haus entfernt steht eine Ampel in einem Industriegebiet: Tagsüber ist dort viel los, doch nachts ist es völlig menschenleer. Während ich darauf wartete, dass die Ampel auf Grün sprang, döste ich ein.
Plötzlich hörte ich etwas, das wie die Stimme meiner Mutter klang, die meinen Namen rief. Ich schreckte schlagartig auf. Die Stimme war so laut und klar, als säße meine Mutter neben mir im Auto, aber ich war ganz allein, und meine Mutter war zu Hause. Es gab auch keine weiteren Fahrzeuge in der Umgebung, und mein Radio war aus.
Ohne die Stimme hätte ich weitergeschlafen, und wer weiß, was dann passiert wäre, denn ich hatte meinen Wagen ja auch nicht in den richtigen Gang zum »Parken« geschaltet. Ich glaube, dass die Stimme von meinem Schutzengel kam,

der über mich wachte. Jeden Tag danke ich den Engeln für ihre Fürsorge.

Es kommt sogar recht häufig vor, dass eine körperlose Stimme unseren Namen ruft. Den meisten passiert es beim Aufwachen, also zu einem Zeitpunkt, wo wir am offensten dafür sind, die Engel zu hören.
Waren Sie schon einmal irgendwo, und plötzlich drängte es Sie, nach Hause zurückzukehren? Hören Sie auf dieses Gefühl, wenn es aufsteigt! Allzu oft tun wir es ab, weil wir es mit Schuldgefühlen verwechseln angesichts der Tatsache, dass wir nicht zu Hause sind, obwohl wir uns doch wirklich eine Auszeit verdient haben. Aber es gilt: Wenn sich ein solcher Impuls einstellt und nicht wieder verschwindet, sollten Sie unbedingt danach handeln. So konnte Carol Singleton von Glück sagen, dass sie auf ihre Engel hörte, als sie von ihnen bedrängt wurde, nach Hause zu gehen:

Mein siebenjähriger Sohn Scott wachte morgens um fünf mit Bauchschmerzen auf. Gut, dachte ich, er hat gestern Abend ja auch wirklich eine Menge Popcorn verdrückt.
Ich blieb noch so lange bei ihm, bis mein Mann um neun von seiner Arbeit bei der Feuerwache zurückkehrte, aber Scott klagte noch immer über Bauchweh. Nachdem wir alle drei eine Zeit lang gemeinsam auf dem Sofa gekuschelt hatten, schlug mein Mann vor, ich könne doch irgendwo außer Haus etwas Leckeres essen. Als Frau eines Feuerwehrmanns, der 24-Stunden-Schichten fährt, bin ich zehn Abende und Nächte im Monat eine alleinerziehende Mutter. Ich habe nicht viel Zeit für mich selbst, also wusste ich sein Angebot zu schätzen.

Ich blätterte also nach dem Mittagsimbiss in einem nahe gelegenen Feinkostladen gerade entspannt in einer Zeitschrift, als ich laut und deutlich eine männliche Stimme hörte, die mich anwies: »Geh nach Hause!« Ich unterbrach meine Lektüre, und wieder hörte ich: »Geh nach Hause!« Ich konnte mich nicht erinnern, so etwas schon einmal erlebt zu haben; von daher wusste ich, dass ich besser darauf achten sollte.

Bei meiner Rückkehr fand ich zwei Nachrichten meines Mannes auf dem Anrufbeantworter: Die erste lautete, dass er mit Scott beim Arzt sei; mit der zweiten teilte er mir mit, sie befänden sich jetzt in der Notaufnahme des Krankenhauses.

Als ich dorthin gelangte, traf ich den Kleinen mit heftigen Schmerzen an. Das Krankenhauspersonal war noch dabei, ihn durchzuchecken.

»Hast du mir einen Engel geschickt, dass er mir sagt, ich soll nach Hause kommen?«, fragte ich Scott.

»Weiß ich nicht«, sagte Scott. »Aber ich wollte wirklich, dass du heimkommst.«

Es war später Samstagnachmittag, und so dauerte es eine ganze Zeit lang, bis der Kinderarzt eintraf, der gerade Bereitschaftsdienst hatte. Vor der OP wusste niemand mit völliger Sicherheit, was die Schmerzen verursachte, und es stellte sich nun heraus, dass es eine Blinddarmentzündung war. Der Chirurg meinte, Scott sei das jüngste Kind mit dieser Diagnose, das er je zu Gesicht bekommen hatte.

Ich habe keinen Zweifel daran, dass mich ein Engel aufsuchte, und ich bin immer dankbar dafür.

Nur allzu oft tun wir tatsächliche himmlische Führung aufgrund eigener Beurteilungen und Interpretationen der

Lage ab. Wir haben die Befürchtung, dass wir uns täuschen könnten, und entscheiden uns nur für etwas, das uns »am sichersten« zu sein scheint.
Spirituelles Wachstum besteht zum Teil darin, zu erkennen, dass die Zeichen, die wir von oben erhalten, nicht immer einen Sinn ergeben – wie Cindy Felger erleben konnte:

Das Haus, in dem ich wohnte, war verkauft worden, und mir blieben zwei Wochen für den Umzug. Mit drei australischen Schäferhunden und einer Katze war es schon eine Herausforderung, ein Mietobjekt mit etwas Auslauf für meine Hunde zu finden. Natürlich bedeutete das, dass ich gleich ein ganzes Haus anmieten musste statt einer Wohnung. Und mehr als 700 Dollar im Monat konnte ich damals nicht aufbringen.
Jeden Tag durchforstete ich die Zeitungsannoncen nach passenden Angeboten, aber jeder Vermieter winkte ab, wenn er von den Hunden hörte. Trotzdem betete ich weiter und sagte mir immer wieder vor, dass mir das Universum schon genau das Richtige liefern werde.
Dann entdeckte ich ein Inserat für ein Haus, das alles zu haben schien, was ich wollte – und zwar für lediglich 600 Dollar im Monat! Mein erster Gedanke war: Na, das muss ja eine Bruchbude sein! Und so las ich weiter über die Anzeige hinweg – bis ich schließlich eine liebevoll-bestimmte männliche Stimme sagen hörte: »Ruf dort an!«
Ich schaute mich um, aber es war niemand in meiner Nähe. Also sagte ich »Okay«, und wählte die Nummer in der Anzeige. Eine Frau nahm ab, und sie war überaus freundlich. Ich stellte mich vor, sie gab mir die Adresse und ich fuhr auf der Stelle dorthin. Es war das perfekte Heim für uns!

Ich bekam das Haus, und nun leben meine Vierbeiner und ich dort seit acht Jahren und fühlen uns pudelwohl.

Cindy war heilfroh, dass sie ihren logischen Verstand außer Acht gelassen hatte und darauf vertraute, dass das Universum jedes Gebet hört und mit seiner Antwort nicht auf sich warten lässt. Ihre geistige Offenheit führte sie schließlich zu genau dem richtigen Haus. Hätte sie die göttliche Stimme nicht weiter beachtet, so wäre sie vielleicht zu dem Schluss gelangt, dass ihre Engel ihr nicht halfen oder dass Cindy ihre Weisungen nicht hörte.

Gelegentlich können uns Extremsituationen in unserem Leben das Gefühl geben, dass uns alles entgleitet. Gefühle können manchmal schwer auszuhalten sein. Aber vergessen Sie nicht, wie mächtig Ihre Engel sind! Rufen Sie sich in Erinnerung, dass Sie auf der Erde sind, um geliebt zu werden – von denen, die hier sind, wie auch von denen, die schon von Ihnen gingen – und um ebenfalls zu lieben. Die Engel zögern so gut wie nie, wenn Sie sie aus tiefstem Herzen um Hilfe und Trost bitten – wie Joyce Meyers erzählt:

Mein Vater war zwei Monate zuvor unerwartet von uns gegangen. Mir war einfach alles zu viel, ich kam nicht damit zurecht, und zu allem Überfluss war ich auch noch auf dem besten Weg, mich in den Mann zu verlieben, der schließlich mein Ehemann werden sollte. Ich kam mit dieser Masse intensiver Gefühle schlichtweg nicht klar und befürchtete schon, dass ich kurz vor einem Nervenzusammenbruch stand.

Eines Morgens, als alles gerade besonders heftig war, saß ich

an meinem Schreibtisch und betete um inneren Frieden. Und während ich das tat, nahm ich auf einmal etwas wahr, das mich regelrecht körperlich nach hinten zog, als würde mich jemand von hinten mit großer Wärme in die Arme schließen. Während ich so gehalten wurde, konnte ich spüren, wie sich meine Ängste in Wellen lösten und meinen Körper verließen, und ich hörte und spürte die Botschaft: »Alles wird gut.« Es dauerte nur Sekunden, dann konnte ich wieder klar denken und fühlte mich körperlich richtig stark. Dennoch war ich verblüfft über das, was da geschehen war.

Danach konnte ich nur staunen, um wie viel besser ich mich fühlte. Ich hatte wieder das Gefühl, die Situation im Griff zu haben, und verspürte die Kraft, weiterzumachen. Ich hatte um himmlische Hilfe gebeten, und die Antwort hatte nicht auf sich warten lassen. Ich weiß in meinem Herzen, dass da etwas ist, das liebevoll über uns alle wacht.

Die Stimme Gottes und der Engel ist voller Liebe und Weisheit. Wenn sie ertönt, tut sie es laut, klar und unverkennbar. In Notsituationen ist die göttliche Stimme darauf bedacht, sich schleunigst unsere Aufmerksamkeit zu sichern; von daher brauchen Sie sich nie Sorgen zu machen, dass Sie diese Art von Zeichen verpassen könnten.

Die Engel wollen ja, dass wir ihre Botschaften hören. Deshalb schaffen sie sich viele Wege, um uns Zeichen zu geben. Im nächsten Kapitel befassen wir uns mit einer der häu-

figsten Möglichkeiten, wie Engel das tun: über Ziffernfolgen, die wir bei Telefonnummern und auf Nummernschildern, Uhren, Quittungen und dergleichen sehen.

Kapitel 7

Engelzahlen als Zeichen

Zahlen sind oft die interessantesten – und manchmal verblüffende – Zeichen, die wir von den Engeln erhalten können. Solche Sequenzen weisen immer wieder dasselbe Muster auf, und wenn Sie dann nicht wissen, womit Sie es zu tun haben, kann der Eindruck entstehen, jemand sei darauf aus, Sie zu verwirren.

Zeichen in Form von Zahlen kommen von überall her. Am häufigsten sieht man sie jedoch auf Uhren und Nummernschildern, an Gebäuden sowie in Telefonnummern, Zeitangaben bei E-Mails sowie als Summe an der Registrierkasse.

Wenn Sie in Ihrem Leben immer wieder dieselbe Zahlenfolge sehen, fragen Sie Ihre Engel, was sie bedeutet – oder sehen Sie in dem Buch *Die Zahlen der Engel* nach: Dort wird die Bedeutung der Zahlen von 1 bis 999 erklärt und auf jede mehrstellige Zahlenkombination eingegangen.

In diesem Kapitel werden Sie bezaubernde Geschichten

lesen, die davon handeln, wie Menschen in ihrem Leben dank der Wirkungskraft von Zahlenzeichen Hilfe, Veränderung, Trost und aufbauende Bestätigung erfuhren. Unsere erste Geschichte stammt von Jason Simpson, der Tag für Tag daran erinnert wird, dass die Engel immer bei ihm sind:

Meine Engel schicken mir Zeichen in Form bestimmter Zahlenfolgen, die ich dann ständig auf Nummernschildern, Kaufbelegen, Uhren und dergleichen entdecke. Sehe ich zum Beispiel die Zahl 420, ist es für mich so, als würden die Engel »Hi, Jason« zu mir sagen, denn ich habe am 20. April Geburtstag [im Amerikanischen wird dieses Datum auch »4/20« geschrieben (Anm. d. Übers.)]. Ich führe täglich Buch über Engelzahlen oder andere Zeichen, die meinen Weg kreuzen. Manchmal fallen mir bis zu 25 Engelzahlen an einem einzigen Tag auf.

Die Freude, die damit verbunden ist, bestimmte Zahlen von den Engeln und vom Universum zu erhalten, kann riesengroß sein: Wenn man dann andere an diesem Moment teilhaben lässt, springt die besondere Kraft auch auf diese Person über. Angelica Montesano schildert anhand eines Beispiels, wie das möglich ist:

Meine Freundin Theresa brachte mir nahe, was die Zahl 11 und Muster mit der 11 bedeuten, etwa 111 oder 1111. Sie konnte sich zwar nicht erklären, wie es zustande kam, dass gerade diese Zahl so besondere Gefühle bei ihr auslöste, aber so lange sie denken konnte, war es schon immer so gewesen. Der Elfte eines jeden Monats war für sie etwas ganz Beson-

deres, was umso mehr für den 11. November galt, der ja in Ziffern als 11.11. geschrieben wird. Sie hatte die Zahl 11 in den Namen ihrer Produktionsfirma aufgenommen und verwendete ihn freigebig bei allen anderen Projekten und Unternehmungen, bei denen für irgendetwas Zahlen gebraucht wurden.

Eines Sommerabends hielt ich mich im Einkaufszentrum unserer Stadt auf, um diverse Haushaltsartikel zu kaufen. Als ich in einem der Läden an der Kasse stand, staunte ich nicht schlecht, nachdem mir die Kassiererin die Summe genannt hatte: 111,01 Dollar. Ich nahm die Zahlenfolge zur Kenntnis und schmunzelte vor mich hin. Dann ging es weiter zum nächsten Geschäft, und dieses Mal belief sich der Kassenbetrag auf genau 111 Dollar.

Ich dachte dabei sofort an Theresa und hatte das Gefühl, dass ich sie auf der Stelle anrufen sollte. Allerdings begrüßte mich nur ihr Anrufbeantworter, sodass ich eine Nachricht hinterließ, in der ich ihr von der Zahlensequenz auf meinen Kassenbons erzählte, die mich dazu veranlasst hatte, mich bei ihr zu melden.

Als Theresa zurückrief, erklärte sie, dass sie am Tag meines Anrufs im Krankenhaus gewesen sei, weil ihre Großmutter gestorben war. Meine Nachricht auf dem Anrufbeantworter wegen der 111 sei insofern für sie sehr tröstlich gewesen. Ob es ein Engel, der Geist ihrer Großmutter oder der göttliche Schöpfer war, die mich an diesem Abend dazu gebracht hatten, als Freundin zu handeln: Ich habe jedenfalls keinen Zweifel, dass meine Botschaft an Theresa von göttlicher Hand gelenkt wurde.

Angelikas Geschichte erinnert uns auf eine sehr schöne Weise daran, aktiv zu werden, wenn wir Zeichen gepaart mit intuitiven Weisungen erhalten. Die Zahlensequenz 111 (und 1111) bewegt uns dazu, positive Gedanken zu hegen und nur an etwas zu denken, das für uns wünschenswert ist, statt an etwas, das uns ängstigt. Es besteht jedoch kein Grund zur Angst, da uns diese Zahlenfolge an die immer gegenwärtigen Engel erinnert – wie Cheryl Allen erläutert:

Immer wenn ich Zweifel oder Fragen habe, erhalte ich eine Botschaft von meinen Engeln. Schaue ich »zufällig« auf meine Uhr, wenn der Zeiger auf genau 11.11 Uhr steht, so erinnert es mich daran, dass sie mich lieben, stets bei mir sind, um mir zu helfen, und mich auf meinem Weg führen.

Die Engel wollen, dass es uns gut geht und dass wir glücklich sind. Sie werden Ihnen auch Zeichen in Form von Zahlen schicken, um Sie vor Verlusten zu bewahren. Wenn das geschieht, achten Sie am besten darauf, Liebe in Ihrem Geist und Herzen zu tragen, denn liebe Verstorbene oder Haustiere sind unmittelbar in Ihrer Nähe – wie die folgende Geschichte von Renée Pisarz beschreibt:

Als mein lieber Sohn Stephen bei einem Verkehrsunfall ums Leben kam, war ich völlig verzweifelt.
Ich hatte immer gedacht, der Tod sei etwas Endgültiges – bis sich die Zeichen mehrten, die ich in Form von Zahlen erhielt. Als mein Sohn noch in der Basketballmannschaft seiner Schule spielte, trug er die Nummer 54 auf dem Trikot. Später verwendete er diese Zahl in seiner E-Mail-Adresse. Bald

nach Stephens Tod sah ich auf einmal überall die 54, und für mich war sie ein Zeichen dafür, dass seine Liebe und Gegenwart fortbestanden. Mein Blick fiel zum Beispiel unentwegt auf eine 54, wenn ich auf eine Uhr sah, ein Nummernschild oder den Tacho meines Autos. Selbst wenn ich an einer Parkuhr einparkte, konnte ich mich darauf verlassen, dass die verbleibende Parkzeit mit Stephens Zahl übereinstimmte. Das waren Synchronizitäten, keine Zufälle. Ich blieb dem Muster auf der Spur. Auf mich wirkte es immer, als wäre mein Sohn bei mir und ich würde geführt.
Zu meinem Geburtstag wurde mir dann etwas ganz Besonderes geschenkt: Ich blieb vor einem Bilderrahmenladen stehen, in dessen Schaufenster ein Bilderrahmen mit Sportmotiv ausgestellt war. Ich traute meinen Augen nicht: Der Rahmen war mit rotem Jersey bezogen, und natürlich stand darauf die Zahl 54. Ein Geburtstagsgeschenk!
Nach dem physischen Tod meines Sohnes war meine Seele gestorben und wurde mit einem neuen spirituellen Bewusstsein wiedergeboren.

Zahlen können uns auch den Mut verleihen, in unserem Leben vorwärtszugehen und zu wachsen. So erzählt uns auch Avisha, wie Zahlensequenzen sie motivierten, ihrer göttlichen Führung zu folgen:

In letzter Zeit bekam ich immer wieder die Zahlenfolge 744 in den unterschiedlichsten Kombinationen zu sehen. Eine Engelzahl, die im Grund bedeutet: »Du bist auf dem richtigen Weg! Weiter so, gut gemacht!« Dann weiß ich, die Engel geben mir damit zu verstehen, dass ich eine Richtung weiterverfolgen soll.

Das traf an einem Tag besonders zu, als ich auf dem Weg zu einer Reiki-Sitzung war; sie sollte gechannelte Botschaften von Engeln, Geistführern und geliebten Verstorbenen umfassen. Ich hatte mir noch nie eine solche Sitzung geben lassen, nie etwas mit derart Übersinnlichem zu tun gehabt, und aus unerfindlichen Gründen hatte ich Angst, ich würde womöglich eine Botschaft von meiner Mutter erhalten, die starb, als ich noch ein kleines Mädchen war.

Auf der Fahrt zur Sitzung war ich drauf und dran, kehrtzumachen und wieder nach Hause zu fahren, weil ich Angst davor hatte, mir anzuhören, was ich hören musste. Dann fuhr ein Auto mit der Zahl 474 auf dem Nummernschild vorbei, und ich wusste, dies war ein Zeichen meiner Engel, die mir beruhigend versicherten, dass ich mit dem Besuch der Reiki-Sitzung auf dem richtigen Weg war.

Also legte ich mir im Geist eine Bitte an die Engel zurecht, indem ich sagte: »Bitte gebt mir noch ein anderes Zeichen, das mir zeigt, was ich bei dieser Sitzung durchgehen sollte!« Beinahe im selben Moment fuhr ein weiteres Fahrzeug an mir vorbei, und zwar mit einer 477 im Nummernschild. Beim Anblick der Zahlenkombination verflogen meine Ängste im Nu.

Alles in allem war die Sitzung überwältigend, und meine Mutter hatte viele Botschaften für mich. Ich hatte das Gefühl, auf einer spirituellen Ebene geheilt zu werden.

Die Engel sind immer bei uns, und keine Aufgabe ist für sie zu klein oder zu unwichtig. Sie sind hier, um uns ein friedvolles Leben zu ermöglichen und uns zu helfen, unserem wahren Weg treu zu bleiben, sodass wir die Lektionen ler-

nen, um deretwillen wir hierhergekommen sind. Diese Lektionen treiben die Weiterentwicklung unserer Seele voran, von daher sind Dazulernen und Wachstum ganz zentrale Punkte im Leben.
In der nächsten Geschichte erfahren wir, wie die Engel hundertprozentig dafür sorgten, dass Robin in ihren Gedanken keinerlei Zweifel mehr an der Gegenwart der himmlischen Wesen hatte:

Als Doktorandin in Erziehungspsychologie war ich schon länger auf der Suche nach einem anderen Weg gewesen, den ich einschlagen könnte. Die Uni stellte für mich eine enorme Belastung dar, und ich brannte darauf, bald in den Beruf zu können und das akademische Kapitel in meinem Leben zuschlagen zu können.
Eines Nachts schrie ich zum Himmel, es solle doch jemand kommen und mich aus dem herausholen, worauf ich mich da eingelassen hatte, oder mir wenigstens helfen, die Zeit an der Uni zu genießen. Ich sehnte mich danach, Menschen zu helfen, statt stundenlang im Hörsaal herumzusitzen.
Mit einem Mal sah ich überall um mich herum »Schnapszahlen« in Dreiergruppen. Ich sah sie auf Nummernschildern, dem Wecker, meinem Handy und meinem Fitnessgerät. Ich wusste nicht, was sie bedeuteten, aber ich dachte mir, es sei doch merkwürdig, dass ich öfter denn je mitten in der Nacht wach wurde, und zwar ausgerechnet um 2.22, 3.33 und 4.44 Uhr. Ich erwähnte meiner Freundin gegenüber, dass sich da irgendetwas total Merkwürdiges abspiele. Ich musste unbedingt wissen, was diese Zahlen bedeuteten.
Schließlich zog mich etwas zu Doreens Buch »Die Zahlen der

Engel« hin, in dem es hieß, 111 bedeute, dabei zu bleiben, positive Gedanken über seine derzeitige Situation zu haben. Das brachte mich dazu, mich näher mit Engeln und Erzengeln zu befassen.

Schließlich kam für mich die Zeit, wo ich auch Seminare abhalten sollte, und an diesem Punkt bat ich die Engel dann definitiv, mir zu helfen. Während ich eines Tages Prüfungsaufgaben unter den Studierenden verteilte, erwähnte ich, dass jeder einen Schutzengel habe. Ich war ein wenig nervös dabei, da es oft nicht als akzeptabel gilt, so etwas im College außerhalb eines Theologieseminars anzusprechen.

Eine Studentin, die ganz vorne im Seminar saß, rieb sich daraufhin über die Arme und bemerkte: »Brr, ist das kalt hier. Ich kriege regelrecht Gänsehaut.« Ein anderer Student sagte: »Ich auch!«

Ehe ich mich versah, hörte ich mich zu den Studierenden sagen: »Wenn Sie Hilfe bei diesem Test brauchen, rufen Sie einfach Erzengel Zadkiel hinzu, denn er ist der ›Gedächtnis-Erzengel‹, der dabei hilft, sich Dinge zu merken.« Meine Studenten quittierten es mit einem Lächeln.

Ich ging zurück zu meinem Pult und wollte mein Handy stumm schalten. Die Uhrzeit, die es anzeigte, war 11.11 Uhr. Sehr clever, liebe Engel, sehr clever, dachte ich. Ja, mein Herz ist stets offen für eure Botschaften, die mich darin bestärken, dass ich nicht etwa demnächst durchdrehe.

Vor meinem geistigen Auge blitzte sofort ein lächelnder Erzengel Michael auf.

Ich weiß nicht, ob es an diesem Tag Zadkiels Unterstützung im Raum zu verdanken war oder lediglich den Lerngewohnheiten meiner Studenten – jedenfalls schnitten alle, die an

diesem Tag an der Abschlussprüfung teilnahmen, mit einer Eins ab ...

Die Hälfte des Spaßes beim Auffinden von Zahlen liegt in der Suche nach ihrer Bedeutung. Wenn mir, Charles, anfänglich dergleichen passierte, fühlte ich mich wie ein Spieler in einem riesigen Spiel. Allerdings konnte ich mich nicht erinnern, jemals darum gebeten zu haben, mitspielen zu dürfen. Mitunter ist es ein merkwürdiges Gefühl, da die Muster und Durchgängigkeit der Zahlen so absolut sind, uns jedoch ansonsten so sehr gemäß dem Zufallsprinzip verstreut begegnen, dass es sich unmöglich um einen Zufall handeln kann.

Pai Chideya erzählt eine Geschichte, wie man Frieden mit Zahlenzeichen schließt:

Unmittelbar nachdem ich einen Mann kennenlernte, den ich als einen Seelengefährten betrachte, sah ich mit einem Mal überall die Zahl 111! Außerdem wurde ich plötzlich immer um 2.22, 4.44 und 5.55 Uhr wach. Die Zahlen machten mich halb verrückt, da ich wusste, dass sie etwas bedeuteten, aber ich verstand nicht, was. Sooft ich mich umdrehte oder ein Buch aufschlug, stieß ich auf diese Zahlen. Ich fragte mich, was sie bedeuteten – aber wie sollte ich das herausfinden?

Kurz darauf begann ich zwei neuen Vorgesetzten zuzuarbeiten: Die eine hieß Doreen, und der Nachname der anderen war Virtue. Von daher staunte ich nicht schlecht, als ich auf das Buch »Die Zahlen der Engel« von Doreen Virtue (von der ich zuvor nie gehört hatte) stieß.

Ich fing das Buch zu lesen an, und die Zahlen erschlossen

sich mir als etwas vollkommen Sinnvolles. Sie waren wie eine Form von Kommunikation mit den Engeln, die ich nicht selbst steuerte und auch nicht steuern konnte. Nun bin ich so verliebt in alles, was geschieht; und ich fühle mich von den Engeln, von Gott und vom Universum wirklich geführt. Je mehr ich vertraue, desto mehr Führung bekomme ich.

Wie bei jedem anderen Zeichen ist es Ihnen jederzeit freigestellt, die Engel zu bitten, Ihnen eine Zahl zu zeigen, wenn Sie das Gefühl haben, es würde Sie beruhigen oder Ihnen Sicherheit geben. Der Schlüssel bei der Bitte um ein Zeichen liegt nicht darin, die Engel zu bedrängen oder den Zeitpunkt herbeizwingen zu wollen. Halten Sie nicht inne, um Stellen anzustarren, die Sie normalerweise nie anschauen würden; oder werden Sie nicht frustriert, wenn die Zahl, die Ihnen auf Ihre Bitte hin als Zeichen dienen soll, nicht innerhalb von Sekunden auf einer riesigen Reklametafel auftaucht. Der Zeitpunkt ist immer von göttlicher Hand gelenkt, und die Engel werden Sie nie im Stich lassen. Manchmal haben sie einfach ihre eigene Art, in Aktion zu treten – wie Joyce O'Keeffe entdeckte:

Ich machte geistig, körperlich, gefühlsmäßig und spirituell gerade eine richtig komplizierte Zeit durch. Zwar war ich in einem positiven Haushalt aufgewachsen und hatte viele glückliche Jahre zu Hause verbracht, aber irgendwo hatte ich den Glauben an mich selbst verloren. Beim Blick in den Spiegel erkannte ich mich nicht wieder.
Um uns besser zu fühlen, beschlossen eine Freundin und ich, einen Nachtclub zu besuchen. Wie in Trance zog ich mich

zum Ausgehen an, aber froh war mir dabei nicht zumute. Stattdessen war mein Selbstwertgefühl quasi nicht existent, und ich fühlte mich wie eine Gefangene meiner eigenen negativen Gedanken.

Zum Glück war ich noch so weit bei Verstand, Gott um ein Zeichen zu bitten: »Gott, wenn ich heute Abend die Zahl 7 sehe, weiß ich, es ist ein Zeichen von dir, dass alles in Ordnung ist.« Ich weiß nicht, warum ich mir gerade die Sieben aussuchte – jedenfalls war es so, und danach vergaß ich das Gebet prompt.

Ich setzte ein freundliches Gesicht auf und brach mit meiner Freundin zum Nachtclub auf, wo wir tanzten. Als wir am Ende des Abends gingen, kam ein fremder Mann auf mich zu und meinte: »Wir sind alle Siebener. Ich bin eine Sieben. Du bist eine Sieben. Alles ist sieben!« Ich ließ ihn vielleicht fünf Minuten lang reden und war sprachlos über das, was ich gehört hatte.

Für mich war er ein Engel, den Gott gesandt hatte. Ich nahm ihn in den Arm und sagte: »Du weißt gar nicht, wie viel mir das bedeutet!«

An jenem Abend wurde mir klar, dass es da draußen jemanden gibt, der wollte, dass ich weitermachte und die Hoffnung nicht aufgab. Ich werde die Macht Gottes und meiner mich stets behütenden Engel nie vergessen.

Gelegentlich sind Zahlen Zeichen, die mit lieben Verstorbenen zu tun haben. Sie sind für gewöhnlich nicht so allgemein wie die Engelsnummern-Zeichen. Vielmehr beziehen sie sich oft auf etwas persönlich Bedeutsames, etwa auf den Geburtstag oder einen Jahrestag. Manchmal schicken

die Engel Autokennzeichen mit Buchstaben, die mit dem geliebten Menschen in Verbindung stehen, plus eine wichtige Zahl. Vertrauen Sie auf die Bedeutung, wenn Sie Zahlen sehen, die Sie an jemanden erinnern.
Wie Lorraine Halica in der folgenden Geschichte berichtet, können die Zahlen außerordentlich heilend wirken:

Ganz unerwartet ging mein geliebter Ehemann Peter in die himmlische Heimat. Um mit der Trauer fertig zu werden, beschloss ich, näher zu meiner Schwester zu ziehen. Mein früheres Haus war innerhalb eines Monats verkauft, also wusste ich, dass ich den richtigen Schritt tat.
Das neue Kennzeichen meines Wagens lautete »505 WKS«. Es erinnerte mich an 505 Wochen (engl. »Weeks«) – also eines dieser Kennzeichen, die man sich leichter merken kann. Aber dann wies mich meine Schwester auf etwas hin, das mir noch gar nicht in den Sinn gekommen war: Unser Hochzeitstag stand nämlich in Kürze bevor. Wäre Peter noch am Leben, so wären wir 505 Wochen lang verheiratet gewesen! Zufall? Ich glaube nicht. Mich überrieselte ein Schauer. Ich bedankte mich bei Gott für dieses Zeichen und gelobte, dass ich das Nummernschild nie wieder abgeben wollte.

Bis hierher sind wir auf Zeichen von oben eingegangen. Sie haben Geschichten über Heilung und Entdeckungen anderer Menschen gelesen. Aber was ist mit Ihnen persönlich? In den nächsten beiden Kapiteln befassen wir uns damit,

auf welche Weise Sie spezifische Zeichen bekommen können, die mit den diversen Fragen und Anliegen Ihres Lebens verknüpft sind.

Kapitel 8

Bitte um ein Zeichen

Sicher, Zeichen sind großartige Wegweiser, und oft sind sie geheimnisvoll. Aber wie kann man sie in seinem Leben »aktivieren«, wenn sie sich nicht automatisch einstellen wollen? Nun, von welchen Ritualen Sie auch gehört haben mögen: Mit den Engeln zu kommunizieren und sie um Zeichen zu bitten, ist noch leichter, als diesen Abschnitt zu lesen. Immer wenn Sie denken, wünschen, wollen oder anderweitig etwas manifestieren, beten Sie darum, und die Engel hören zu.

Deshalb ist es wichtig, dass Sie Ihre eigenen Gedanken beobachten und nur das in Ihrem Kopf behalten, was Sie tatsächlich haben wollen. Obwohl die Engel immer bei Ihnen sind, um zu helfen und sicherzustellen, dass Sie sich auf dem für Sie richtigen Weg befinden, wissen sie auch, dass alle hier sind, um zu lernen und sich weiterzuentwickeln. Deshalb werden sie Ihnen mit Sicherheit entgegenkommen,

selbst wenn Ihre Gedanken nicht immer zu Ihrem Wohl sind.

Das Gesetz der Energie in diesem Universum ist absolut und allumfassend. Unsere Aufgabe besteht deshalb darin, sicherzustellen, dass nur die höchste, durch und durch positive und liebevollste Energie durch uns hindurchfließt. Das ist nichts, was man über Nacht erreicht, denn von Natur aus neigen wir dazu, alles selbst in die Hand zu nehmen und deshalb mit unserer Aufmerksamkeit jeweils bei dem zu verweilen, was wichtig erscheint. Wenn wir uns auf schlechte Dinge in unserem Leben konzentrieren, sorgen wir für die Fortsetzung des Negativen. Das mag wie eine Zwickmühle oder ein Teufelskreis wirken, denn wie um alles in der Welt sollen wir etwas lösen, wenn wir es nicht verarbeiten können? An diesem Punkt kommen die Engel ins Spiel ...

Haben Sie jemals den Spruch »Lass los und überlass es Gott« gehört? Worte, die noch wahrer wären und nach denen wir uns noch besser ausrichten könnten, haben wir beide zumindest noch nie gehört. Die Engel tun fast alles, damit unser Leben glücklich und erfüllt ist und im Licht stattfindet. Das gehört mit zum Erstaunlichsten und Segensreichsten an den Engeln, die uns umgeben. Außerdem sorgen sie dafür, dass wir in Notzeiten Trost erfahren und Geborgenheit spüren, wenn wir uns allein fühlen. Sie verleihen uns Stärke, wenn wir uns schwach oder hilflos vorkommen. Und im Gegenzug für all diese Hilfe verlangen die Engel von uns nicht mehr, als dass wir glücklich sind und an ihre Existenz glauben.

Im Folgenden finden Sie Hinweise, die Sie umsetzen können, wenn Sie gerne von den Engeln ein Zeichen des Trostes oder Führung möchten.

Schritte, um Zeichen von oben zu erhalten

Bitten Sie darum.
Da das Gesetz des freien Willens gilt, können Ihnen die Engel nur dann helfen und Ihnen Zeichen geben, wenn Sie darum bitten. Falls Sie ein Zeichen wollen, müssen Sie also um eines bitten. Am besten lassen Sie es offen, welche Art von Zeichen erscheinen soll. Nehmen Sie stattdessen einfach die Wiederholungsmuster wahr, die auf Ihre Bitte hin auftreten.

Obwohl Rituale nicht notwendig sind, können sie hilfreich sein, da der Mensch eben ein Geschöpf ist, das nach Gewohnheit handelt. Wenn wir uns die Kommunikation mit unseren Engeln zur guten Routine und zum Bedürfnis machen, wird unser Leben auf eine Weise gesegnet, die jedes Vorstellungsvermögen übersteigt. Denken ist eine Form des Gebets! Diese Erkenntnis wird uns helfen, sicherzustellen, dass sich alle Bitten, die wir an unsere Engel herantragen, auf Dinge beziehen, die wir wirklich wollen.

Louise erzählt uns, wie ihr die Bitte um ein Zeichen half, in einer traumatischen Situation Frieden zu finden. Nun erhält sie regelmäßig und alljährlich Zeichen, dass alles okay ist.

Wir waren am Boden zerstört, als bei unserem drei Wochen alten Sohn eine seltene Herzerkrankung diagnostiziert wurde. Kurz danach starb er in den Armen meines Mannes.

Ein paar Tage nach Rickys Tod musste mein Mann wieder zur Arbeit. Ich kannte an unserem Wohnort kaum Leute, also hatte ich niemanden, mit dem ich hätte reden können. Ich war zum Verzweifeln allein und durchlebte eine traurige Zeit.

Eines Nachmittags, vielleicht eine Woche nachdem Ricky von uns gegangen war, saß ich mit meinem Mann vor unserem Haus. Ich war sehr traurig und sagte zu ihm: »Wenn ich doch nur ein Zeichen hätte, dass bei ihm alles okay ist. Ich möchte einfach wissen, dass für ihn gesorgt ist, dass es ihm gut geht und dass er keine Schmerzen mehr hat.«

Genau in diesem Moment sprang unsere älteste Tochter herbei und rief uns zu, wir sollten doch schnell hinter unser Haus kommen. In der Tat breitete sich dort ein spektakulärer Regenbogen über unseren Garten. Er war riesig, und die Farben leuchteten atemberaubend! Obwohl der Regenbogen außerordentlich schön war, hielt ich sein Erscheinen für reinen Zufall. Als sollte ich davon überzeugt werden, dass dem nicht so war, fing es in diesem Moment zu schneien an – nur leise rieselnd, mit winzigen Schneeflocken, die sich überall ganz zart niederließen. Wir standen mit ausgestreckten Händen da und blickten einfach nach oben, von wo der Schnee herabfiel, und sahen zu, wie er auf unserer Haut schmolz. Wir warfen einander ungläubige Blicke zu. Es war ein klarer, sonniger Nachmittag – kein Mensch rechnete mit Schnee.

Später erkundigte ich mich bei anderen, ob sie etwas von dem Schneefall an diesem Tag mitbekommen hätten. Sie schauten mich an, als wäre ich verrückt. Ich rief meine Schwester an und erzählte ihr davon – und sie vermutete, die Trauer sei wohl zu viel für mich, und riet mir zu einer psychologischen Beratung. Aber ich wusste, dass es tatsächlich geschehen war und dass es sich um ein Zeichen handelte. Obwohl wir den Schnee als Einzige sahen, schenkte es mir viel Frieden, und ich konnte wieder leichter nach vorne schauen.

Auch der gelbe Rosenbusch in Miniaturformat, den ich

unmittelbar vor Rickys Tod gepflanzt hatte, gibt uns Zeichen, dass es unserem Kind gut geht: Jedes Jahr erhalte ich zum Jahrestag seines Todes und zu seinem Geburtstag eine neue Knospe. Für mich signalisieren diese gelben Knospen, dass mir meine Engel zu verstehen geben, mit meinem Sohn sei alles in Ordnung.

Glauben Sie daran.
Vertrauen Sie darauf, dass die Engel bei Ihnen sind, und vertrauen Sie auf die Zeichen, die sie Ihnen senden. Michelle Simmonds zeigt uns: Einfach zu bitten und zu glauben, ist oft schon Zeichen genug; der Glaube allein ist bereits ein sehr wirkungsvolles Instrument:

Ich war vor Kurzem in meine neue australische Wahlheimat Melbourne gezogen und kannte dort noch nicht viele Leute. Als mich also eine Kollegin freundlicherweise zu einer Party einlud, nahm ich hocherfreut an. Es war sehr kalt und dunkel, als ich dorthin fuhr.
Trotz Wegbeschreibung dauerte es nicht lange, bis ich mich völlig im Straßengewirr eines menschenleeren Industriegebiets verfahren hatte. Es war beängstigend für mich, zumal ich weder mein Handy noch einen Stadtplan bei mir hatte; also betete ich zu Gott und meinen Engeln, mir doch bitte zu helfen.
Auf der Stelle spürte ich, wie ein Gefühl der Ruhe über mich kam. Ich fuhr immer weiter und richtete mich nach meiner Intuition, da ich spüren konnte, wie Gott und die Engel mich führten. Kurz darauf erreichte ich eine Hauptstraße, an der sich ein Fastfood-Restaurant befand. Ich fuhr dort vor, kaufte

eine Kleinigkeit und erkundigte mich nach dem Weg. Beim Verlassen der Ausfahrt entdeckte ich eine Kirche auf der gegenüberliegenden Straßenseite. Und als ich den Text auf der Plakatwand las, brach ich in schallendes Gelächter aus: »Sie wissen nicht weiter? Lassen Sie sich von Gott den Weg zeigen!«

Vertrauen Sie auf den von Gott gewählten Zeitpunkt.
Jedes Gebet kommt an und wird erhört – nur kommt die Antwort manchmal scheinbar verspätet, da die Engel hinter den Kulissen daran arbeiten, die Details zu arrangieren. Heather Succios Geschichte zeigt, wie Bitten und Gebete genau dann erhört werden, wenn der rechte Zeitpunkt dafür gekommen ist:

Ich kannte Opa Davis nur in den ersten sechs Jahren meines Lebens, jenen prägenden Jahren, wo jede gütige Geste tiefe Spuren hinterlässt. Mein Opa war mein bester Kamerad. Er war immer sehr darauf bedacht, für mich da zu sein und mich mit Kleinigkeiten zu verwöhnen, die im Leben einer Fünfjährigen so enorm viel bedeuten. So zum Beispiel bastelte er mir einmal zu Halloween eine Hexennase aus Knetmasse und stand natürlich auch auf der Matte, um mit mir wild kostümiert zum allerersten Mal an die Haustüren zu gehen und »Süßes oder Saures« zu fordern. Er gestaltete für mich ein Sammelalbum, in das die Berichte meiner Kindergärtnerin und Vorschullehrerin über mich eingeklebt wurden, Bilder, Arbeitsbogen aus dem Kindergarten und Zeichnungen – alles liebevoll angeordnet und mit handschriftlichen Kommentaren versehen.

Außerdem war mein Opa ein leidenschaftlicher Briefmarkensammler. Briefmarken faszinierten ihn: ausländische wie einheimische, nagelneue sowie zerfledderte. Er sammelte, sortierte mit Begeisterung und präsentierte stolz zahllose Briefmarken in Büchern und Kästen, mit denen jeder Schrank in meinem Elternhaus bis zum Platzen gefüllt schien. Er liebte sie einfach um ihrer Schönheit willen und weil sie für ihn mit Reisen zu fernen Orten in Verbindung standen.

Opa arbeitete zwar für eine Fluggesellschaft, war aber am Boden als Werkstattmechaniker tätig. Mir ist oft der Gedanke gekommen, dass er das Herz eines romantischen Wanderers gehabt haben muss, der sich in der Fantasie ausmalte, wo er wohl eines Tages landen würde. Nachdem er von uns gegangen war, vertraute ich darauf, dass er irgendwo »da oben« war, obwohl ich ihn nicht anfassen, nicht hören und nicht sehen konnte.

Jahre später, als mir eines Abends besonders wehmütig ums Herz war, bat ich meinen Opa inständig, mir einen Gruß zu schicken. Ich wusste nicht, wie ich um etwas Bestimmtes hätte bitten sollen. Ich betete einfach, dass ich wissen würde, er war da, und zwar durch etwas Greifbareres als einfach ein Gefühl in meinem Herzen.

An jenem Morgen, an dem ich meinen Opa um dieses Zeichen bat – 12 Stunden nach meiner inständigen Bitte um einen Hinweis auf seine Gegenwart in meinem Leben –, traf ein Postpaket ein. Am Frühstückstisch sagte mein Mann zu mir: »Heute Morgen ist ein Paket angekommen, das ich bestellt hatte. Und stell dir vor, es kam sogar aus Hongkong! Es ist rundherum, über und über mit unglaublich schönen

Briefmarken beklebt. Kennst du jemanden, der so etwas sammelt?«

Meine Augen füllten sich mit Tränen, als ich mich zunächst bei meinem Mann und dann bei Opa bedankte. Ist das Leben nicht kostbar und wundervoll, vor allem wenn wir wissen, dass wir es nicht alleine bewältigen müssen? Bittet und euch wird gegeben ... Selbst Zeichen von oben! Obwohl ich mich schon immer von den Engeln geliebt und behütet gefühlt habe, ist es wunderbar, es bestätigt zu bekommen.

Wie Heathers Geschichte zeigt, werden einige Gebete sofort beantwortet, während es bei anderen eine Weile dauern kann. Aber immer hören die Engel die Bitte um Hilfe und reagieren auf sie.

Achten Sie auf die Zeichen.

Wenn Sie um Zeichen gebeten haben und glauben, noch keine bekommen zu haben, so könnte es sein, dass Ihnen die gelieferten Zeichen nicht aufgefallen sind oder dass Sie ihnen nicht getraut haben. Keine Sorge, es gibt endlos Nachschub! Bitten Sie die Engel um weitere Zeichen und um deren Entschlüsselung.

Die Engel wiederholen Zeichen gerne immer wieder – so lange, bis Sie sie verstehen. Selbst wenn Sie die Bedeutung eines solchen Zeichens nicht begreifen, ist es wichtig, es überhaupt zur Kenntnis zu nehmen. Es ist sinnvoll, dass Sie die Engel um eine Erläuterung bitten und sich zugleich auf Ihr Bauchgefühl und Ihre Ideen hinsichtlich möglicher Bedeutungen zu verlassen.

Bev Blacks Ängste wurden zerstreut, da sie den Lichtern

vertraute, die sie sah (übrigens ein gängiges Zeichen dafür, dass die Engel bei Ihnen sind, dass sie Sie beschützen und über Sie und Ihre Situation wachen):

Ich war mit dem Wagen zum Flughafen von Bellingham unterwegs, um meinen Mann abzuholen. Unterwegs hatte ich schon zwei verschiedene kanadische Fähren benutzt und befand mich jetzt auf dem letzten Teil meiner Reise von British Columbia nach Washington. Auf der Autobahn lagen bereits Eis und Schnee, als auch noch ein heftiges Gewitter einsetzte: Donner, Blitze und kurz darauf Hagelkörner, die so groß und dick waren, dass ich kaum die Hand vor den Augen sah. Keine Chance, irgendwo an den Rand zu fahren, da die Landstraße, die ich mittlerweile erreicht hatte, eng war und im Dunkeln lag.
Es machte mir richtig Angst, und ich wandte mich an meine Engel, mich zu behüten und dafür zu sorgen, dass ich an meinem Ziel ankommen würde.
Es dauerte nur Minuten, bis ich direkt neben mir auf dem Beifahrersitz helle Lichtblitze sah. Nun wusste ich, dass meine Gebete gehört worden waren: Dort saß ein Engel, der mich besänftigte und mir seine Unterstützung bot. Den Rest des Weges legte ich mit großer Ruhe und voller Zuversicht zurück, wusste ich doch, dass ich keine Angst mehr zu haben brauchte.

Handeln Sie, wenn Sie die Eingebung dazu haben.
Zeichen von oben übermitteln Ihnen häufig Botschaften für Schritte, die Sie unternehmen sollten, um die Antwort auf Ihre Gebete zu erhalten. Wie Lisa Hopp für sich herausfand, ist es wichtig, gemäß dieser Eingebung zu handeln:

Ich hatte einen harten Tag und wusste nicht, wie ich ihn bewältigen sollte. Auf der Fahrt zu meinem Elternhaus blickte ich zum Himmel hinauf und schrie laut: »Wie komme ich aus diesem Schlamassel heraus?!«

Da fiel mein Blick auf einen grauen VW-Bus, der sich von links näherte. Die Art und Weise, wie er an mir vorbeifuhr, war zunächst mehr dazu angetan, mich auf ihn aufmerksam zu machen, als der Wagen selbst: Er schoss nämlich ziemlich schnell heran und schien dann sein Tempo zu drosseln, während er vorbeizog. Hinten war er mit einem weißen Aufkleber mit purpurfarbenen Blumen versehen, in dessen unterem Bereich etwas geschrieben stand. Da Purpur meine Lieblingsfarbe ist, zog er sofort mein Augenmerk auf sich. Auf dem Aufkleber stand: »Simply Simplify« (Mach's einfach einfacher). Seltsamerweise beschleunigte der VW-Bus, sobald ich den Aufdruck gelesen hatte, erneut und sauste über einen kleinen Hügel vor mir auf und davon. Sekunden später fuhr ich über die gleiche Kuppe hinweg, aber der Bus war verschwunden.

Mein Bauchgefühl sagte mir, dass ich durch dieses Zeichen gerade eine Antwort auf mein Gebet erhalten hatte. Aber mental verstand ich die Botschaft nicht und emotional konnte ich nicht glauben, dass ich dieser Intervention würdig war. Also tat ich das Ganze als Zufall ab.

Zwei Stunden später war ich wieder zu Hause im Wohnzimmer und las die Sonntagszeitung. Das Fernsehgerät vor mir war schon für das erste Fußballspiel des Tages eingestellt. Ich legte die einzelnen Teile der Zeitung ausgebreitet vor mich, um besser an jene heranzukommen, die mich interessierten. Links lag der Immobilienteil. Meine Aufmerksamkeit wanderte immer wieder in diese Richtung, ohne dass ich verstand,

warum. Ich ertappte mich sogar dabei, ihn hochzuheben, mir die Vorderseite anzusehen und den Zeitungsteil dann wieder hinzulegen. Dies tat ich zweimal, bevor ich dem Drang nachgab und die erste Seite aufschlug. Unten links befand sich eine Zeichnung großzügiger, luxuriöser Einfamilienhäuser. Und auf der Vorderseite eines dieser prächtigen Häuser standen in einem großen Schriftzug die Worte »Simply Simplify«!
Bevor ich Zeit hatte, auf die Worte zu reagieren, stellte sich plötzlich ganz von allein die Lautstärke des Fernsehers beträchtlich höher. Ich blickte sofort auf: Auf dem Bildschirm waren zwei Fußballkommentatoren zu sehen. Der erste sagte: »Wie konnten dem Mannschaftskapitän Ihrer Meinung nach derartige Änderungen der Angriffsstrategie gelingen?«
Worauf der andere zurückgab: »Das kann ich Ihnen genau sagen: Er hat einfach die Offensive vereinfacht« (engl.: He simply simplified the offensive line).
Danach wurde der Ton wie von Zauberhand wieder leiser. Mir kamen die Tränen. Ich dankte meinen Engeln und bat sie, mir dabei zu helfen, diese Botschaft zu verstehen und die erforderlichen Änderungen vorzunehmen. Seit diesem Zeitpunkt habe ich mein Leben auf unterschiedliche Weisen vereinfacht, und es hat mir geholfen, mit allem besser klarzukommen – und meine Engel noch besser zu hören.

Andere Möglichkeiten, an Zeichen zu gelangen

Sprechen Sie Ihr Gebet laut.
Falls sich bei Ihnen kein erfülltes oder sicheres Gefühl einstellt, wenn Sie Ihre Gedanken oder inständigen Wünsche

nur im Stillen denken, versuchen Sie einmal, Ihr Gebet laut zu sprechen. Die Engel hören es zwar ohnehin, aber *Ihr Gefühl* ist im Grunde genauso wichtig wie der Akt als solcher. Wenn Sie nämlich nicht das sichere Gefühl haben, dass Sie Ihre Probleme in den Engelssphären abgegeben haben, könnten Sie immer noch versucht sein, den Sorgen Aufmerksamkeit zu widmen – und Sie wissen ja, was negative Aufmerksamkeit alles nach sich ziehen kann. Es ist eine wunderbare Möglichkeit, sich von Sorgen zu lösen, wenn man ein Gebet laut spricht und dabei voller Zuversicht ist.

Schreiben Sie Ihr Gebet auf.
Eine weitere sehr wirkungsvolle Form der Kommunikation besteht darin, Ihre Gedanken zu Papier zu bringen oder in Ihren Computer zu tippen. Das ist effektiv, weil es Ihnen erlaubt, umfassend zum Ausdruck zu bringen, was Ihnen auf der Seele brennt; und wenn Sie Ihr Gebet speichern, erinnert es sie außerdem physisch daran, dass Sie für diesen Punkt schon gesorgt haben, indem Sie ihn den Engeln übergeben haben. Sie brauchen weder gut lesbar noch in logischer Reihenfolge zu schreiben, weder grammatikalisch korrekt noch in ganzen Sätzen. Ihre Gefühle beim Aufschreiben – das ist es, worauf es am meisten ankommt.

Meditieren Sie über Ihr Gebet.
Meditation erlaubt Ihnen, voll und ganz zum Ausdruck zu bringen, was Sie denken. Ich, Charles, meditiere regelmäßig, wenn mir eine Frage oder Bitte im Kopf herumgeistert. Wenn ich dann tiefer in der Meditation versinke, bitte ich die Engel, alle Gedanken von mir zu nehmen und sie liebe-

voll für mich zu verwalten. Meine Regel für diese Meditation lautet: Ich kehre erst dann wieder in die Realität zurück, wenn mein Geist leer von allen Gedanken und Emotionen ist. Wenn ich aus der Meditation zurückkehre, bleibt ein Gefühl vollständiger Entspannung. Ich bin diese nervtötenden Gedanken losgeworden, die ansonsten so lange lauern, bis das Gehirn im Leerlauf ist, um einen dann zu belästigen. Sie wissen schon, welche Gedanken ich meine: »Habe ich eigentlich die Rechnung von XY bezahlt? ... Ich wüsste ja gerne, was sie mit dieser Bemerkung gemeint hat ... Mir tun die Füße weh ...« Gedanken, die Sie daran hindern, wahren Frieden kennenzulernen.

Visualisieren Sie, wie Ihr Gebet beantwortet wird.
Eine weitere außerordentlich wirksame Weise, um nicht nur dem Reich der Engel Ihre Wünsche zu übermitteln, sondern auch mit Ihren Fähigkeiten zur Manifes-tation immer mehr Wirkung zu erzielen, besteht darin, das Gewünschte so zu visualisieren, als wäre es bereits erreicht und abgeschlossen. Sehen Sie das Endprodukt Ihres Bemühens vor sich, sobald Sie sich daran machen, einem Ziel entgegenzueifern. Erlauben Sie sich *nicht*, sich im Hinblick auf die Einzelheiten mit irgendwelchen Ängsten oder Zweifeln abzugeben.

Um die Engel zu bitten, ein bestimmtes Problem von Ihnen zu nehmen und zu lösen, verwenden Sie am besten eben jene Technik, die bei Ihnen und angesichts Ihrer Umstände

gut funktioniert. Haben Sie Geduld, da die himmlische Planung nicht an unsere Uhren gebunden ist, sondern von der göttlichen Kraft dirigiert wird. Vergessen Sie nicht: Wenn Sie an den Fähigkeiten der Engel zu zweifeln beginnen (obwohl Sie vielleicht schon erfahren haben, wie sie Sie von einer Aufgabe entlastet haben), können Sie den ganzen Prozess zum Stocken bringen, da die Engel annehmen, Sie wollten ihre Hilfe nicht mehr.

Welche Methode Sie auch wählen und was auch immer Sie sich wünschen: Denken Sie daran, dass die Engel nicht dazu da sind, Schritte *für* uns zu unternehmen. Nein, sie führen uns stattdessen zu den Schritten hin, die zur Besserung und für das Wachstum unserer Seele notwendig sind. Deshalb sind Zeichen so wichtig. Sie sind überall um uns herum, und wenn wir uns für sie öffnen – welche Form auch immer sie annehmen mögen –, verläuft unser Leben so viel friedvoller und harmonischer.

Nutzen Sie all Ihre Sinne, um die Zeichen wahrzunehmen, die als Antwort auf Ihre Bitte ausnahmslos immer geliefert werden. Sie mögen Ihr Zeichen visuell empfangen, durch Ihre Gefühle, in Form einer Stimme oder als Musik, als Idee, die Ihnen plötzlich in den Sinn kommt, oder sogar über Ihren Geruchssinn – wie Kristas Geschichte zeigt:

Ich bin zwar erst 11 Jahre alt, aber ich hatte schon immer eine starke Verbindung mit der geistigen Welt um mich herum. Wenn ich bei meiner Großmutter zu Hause war, konnte ich die Wesen immer sehen und fühlen, ganz spielerisch.

Manchmal fühle ich mich leer, weil ich der Welt nicht helfen kann. Ich fühle mich nutzlos und niedergeschlagen. Aber

wenn das geschieht, steigt immer ganz kurz der Geruch von Rauch in meine Nase. Es macht mir keine Angst, sondern es tröstet mich.

Irgendwann habe ich mit meiner Mutter darüber geredet und herausgefunden, dass mein Urgroßvater geraucht hat. Der Geruch war ein Zeichen für mich, dass er bei mir war und mir Trost spendete. Ich danke ihm sehr für seine Hilfe.

Gerüche, die die Signatur von jemandem tragen, wie etwa der Zigarettenrauch von Kristas Großvater, sind Zeichen von lieben Verstorbenen, dass sie da sind und dass es ihnen gut geht. Und mitunter kann ein persönlich bedeutungsvoller Duft ein Hinweis auf göttliche Führung sein – wie Frau De Williams entdeckte:

Ich bat die Engel um eine physische Bestätigung ihrer Gegenwart sowie der Tatsache, dass ich übersinnliche Fähigkeiten hatte, die ich weiterentwickeln könnte. Tage verstrichen, ohne ein Wort, das mir als Hinweis hätte dienen können, und ohne auch nur die leiseste Andeutung. Ich hatte damit begonnen, die Orakelkarten »Engel begleiten deinen Weg« zu verwenden, und zog immer wieder die Karte, die anzeigte, dass ein lieber Verstorbener mich zu kontaktieren versuche. Weil ich keine Ahnung hatte, wer das sein könnte, hatte ich auch dazu um Klärung gebeten.

Ich arbeite bei meinem Schwiegervater, der Inhaber einer eigenen Firma ist. Von daher ist unser Büro bei ihm im Haus. An einem Mittwochmorgen kam ich zur Arbeit, und als ich ins Wohnzimmer trat, zog mir der Duft eines Männerparfums in die Nase. Ich dachte sofort an meinen Vater, da es genauso roch wie er. Mir war zwar nicht bewusst, dass mein Schwie-

gervater ein Duftwasser benutzte, konnte aber auch nicht mit Sicherheit sagen, dass er es nie tat. Deshalb maß ich dem Geruch nicht so viel Bedeutung bei.

Im Lauf des Vormittags roch ich den Duft immer wieder in verschiedenen Teilen des Hauses. Er war überall deutlich wahrzunehmen – in welchem Raum ich mich auch aufhielt. Ich fragte mich sogar, ob das ein »Tipp« in Verbindung mit der Karte war, die auf einen lieben Verstorbenen verwies. Aber der Duft war für mich so stark mit meinem Dad verknüpft, der noch lebte und dem es gut ging, dass ich zu dem Entschluss kam, das könne wohl kaum der Fall sein.

Erst nach diesem Gedanken hörte ich eine Stimme in meinem Kopf sagen: Ruf deinen Dad an und vergewissere dich, dass alles bei ihm okay ist.

Allerdings habe ich ständig falsche Vorahnungen und Bauchgefühle. Insofern beschloss ich, dass es meinem Vater bestens ging und dass ich Wahnvorstellungen hätte. Erneut tat ich den Gedanken ab, genauso wie zuvor den Duft.

Später ging ich zur Buchhandlung. Ich stand gerade in einem Gang und schaute mir das Buch »Archangels & Ascended Masters« an, als mir wiederum der gleiche Duft massiv um die Nase wehte. Niemand war in meiner Nähe, schon gar kein Mann; niemand ging an mir vorbei.

Ich roch den Duft an diesem Nachmittag noch mehr als einmal, während ich mich zu Hause im Garten aufhielt. Dieses Mal schnupperte ich sogar an meinem T-Shirt (obwohl ich es besser wusste), um herauszufinden, ob es vielleicht irgendetwas an mir war. Ich fand nichts. Ich tat den Vorfall ab, und nun war es auch das letzte Mal, dass ich das Parfum roch.

Am nächsten Tag schickte ich meinem Dad eine scherzhafte

E-Mail und erhielt überraschenderweise eine Mail zurück (er trat sonst fast nie per Mail mit mir in Kontakt): Sein Herz habe am Tag zuvor per Elektroschock wieder in Gang gesetzt werden müssen.

Ich rief ihn an, um zu erfahren, was geschehen war. Er war beim Arzt gewesen, und dort habe er ein Vorhofflimmern gehabt. Man schickte ihn in die Notaufnahme, und weil er nicht auf die Medikamente ansprach, musste man sein Herz anhalten und mit dem Defibrillator wieder in den Rhythmus zurückbringen.

Ich erzählte meinem Dad, dass ich am Vortag sein Parfum gerochen und ihn beinahe angerufen hätte, um herauszufinden, ob bei ihm alles in Ordnung sei. Daraufhin ließ er mich wissen, dass er am Tag zuvor tatsächlich das Duftwasser aufgetragen hatte, und zwar seit vielen Monaten zum ersten Mal.

Ich fragte ihn, wann die Sache mit dem Vorhofflimmern passiert sei, da ich den Duft ab 9 Uhr morgens bis zum Mittag regelmäßig gerochen hatte. Ja, um 9.30 Uhr sei das Ganze losgegangen. Jetzt fühle er sich wohl, arbeite wieder und habe für den nächsten Tag einen Termin beim Kardiologen.

Mein Vater hat Probleme mit hohem Blutdruck, aber am Herzen hatte er bislang nichts gehabt.

Zu Hause führte ich ein Gespräch mit den Engeln. Ich entschuldigte mich, dass ich ihre Warnung so sehr ignoriert hatte, und bat um Heilung für meinen Dad – vor allem, dass ihm sein Kardiologe bescheinigte, dass mit seiner Gesundheit alles in Ordnung sei.

Nach dem Arzttermin rief ich meinen Vater an: Er hatte in der Tat erfahren, dass sein Herzen gesund war. Man hatte keine Ursache für das Vorhofflimmern finden können.

Ich habe keinen Zweifel mehr an der Gegenwart der Engel. Ich weiß, dass sie da sind.

Zeichen können sich auch durch andere Menschen einstellen. Deshalb ist es wichtig, genau hinzuhören, wenn aus den Worten von jemandem Wahrheit herausklingt. Das Gesprochene mag unmittelbar von den Engeln übermittelt worden sein (und gewöhnlich bemerkt die andere Person nicht einmal, welche Rolle sie als irdischer Engel gerade gespielt hat). Der Punkt dabei ist, auf das Gehörte zu vertrauen – wie Rosalinda »Chayito« Champion klar wurde, als sie von zwei verschiedenen Menschen die gleiche Botschaft hörte:

Ich bin professionelle Flamencosängerin und in einer Künstlerfamilie aufgewachsen. Ich schätze, ich wusste wohl schon immer, dass Musik, Engel und Gott eng miteinander verbunden sind. So manches Mal habe ich die göttliche Eingebung erhalten, für und über Gott zu singen, ignorierte diesen Ruf aber während der letzten 20 Jahre.

Neulich sang ich in einer Cocktailbar, wo ein ziemlicher Trubel herrschte, mit viel Lärm, Alkohol und Feierlaune. Irgendwann kamen drei weiß gekleidete Damen herein und sagten, dass sie meine Show sehen und mich wahrscheinlich für die Geburtstagsfeier ihres Vaters engagieren wollten. Als ich fertig war, luden sie mich ein, zu ihrem Tisch herüberzukommen, und begannen für mich zu beten. Ich schaute mich um, aber niemand beachtete uns. Da schloss ich die Augen, und sie beteten weiter um Kraft, Gesundheit, Orientierung und dergleichen mehr für mich.

Schließlich sagte eine von ihnen: »Ich habe eine Botschaft von Gott für Sie. Sie sind in all diesen Jahren durch viel Leid geformt und geprägt worden. Chayito, Sie sollen jetzt für Gott singen. Singen Sie mit Ihrer kraftvollen Stimme seine Botschaft und zu seinem Lob.«

Ich konnte nur ehrfürchtig staunen, wie Gott mitten in einer Cocktailbar in San Antonio zu mir kam. Drei Wochen später hatte ich das Ganze allerdings wieder vergessen. Und genau da kehrten die Schwestern zurück, diesmal in Begleitung weiterer Damen in Weiß. Eine der ältesten von ihnen sagte: »Ich habe für Sie eine Botschaft von Gott: Sie müssen anfangen, Songtexte zu schreiben und Musik zu komponieren, damit Sie seine Botschaft und sein Lob singen können.«

Die Dame, die mich beim vorigen Anlass dieser Art angesprochen hatte, drehte sich daraufhin um und meinte: »Ich habe ihr die gleiche Botschaft schon vor drei Wochen übermittelt. Ich habe dir nichts davon erzählt – also ist es eine wirkliche Bestätigung.«

Ich habe das Gefühl, die Engel und Gott haben mir diese wunderbaren Damen geschickt, und nachdem ich jahrelang nach meinem Daseinszweck gefragt habe, hat er mir ihn nun offenbart. Und dieser Weisung folge ich jetzt, mit der Hilfe von Erzengel Gabriel. Ich glaube jetzt, dass es Engel auf Erden gibt: Sechs von ihnen sind mir vor einem Monat begegnet.

Im nächsten Kapitel lesen Sie Anregungen für Gebete, die Ihnen helfen, Zeichen zu bestimmten Lebensthemen zu erhalten.

Kapitel 9

Gebete um Zeichen

Der Wortlaut Ihrer Gebete ist zweitrangig; wichtiger ist der Sinn hinter Ihren Gebeten. Das liegt daran, dass Engel auf Ihre Absicht reagieren. Sie können zum Beispiel auf Tausende verschiedener Arten um Führung bei Ihrer beruflichen Karriere oder bei einer Beziehung bitten. Die Engel achten immer besonders auf Ihre zugrunde liegenden Emotionen. Bitten Sie um Frieden, Sicherheit, etwas aufregend Schönes oder ein Gefühl der Seligkeit? Genau das werden Ihnen die Engel bringen.

Die Engel beantworten die meisten Gebete, indem sie Ihnen Zeichen und andere Formen göttlicher Führung zukommen lassen (etwa intuitive Gefühle oder wiederholt eintreffende Ideen). Wenn Sie die Zeichen wahrnehmen und sich nach ihnen richten, öffnen sich alle Türen zu neuen Chancen und zu Frieden, wie Sie in diesem Buch immer wieder lesen konnten.

In diesem Kapitel werden wir uns einige Beispiele für Gebete ansehen, die Sie einsetzen können, um Zeichen für verschiedene Bereiche des Lebens herbeizulocken. Sprechen Sie sie

laut oder im Stillen; singen Sie, schreiben Sie die Gebete nieder oder übermitteln Sie sie auf jede beliebige Weise, die Sie sich erträumen können. Auch hier ist die Form, die Ihr Gebet annimmt, nicht wichtig, gemessen an den folgenden drei Schritten:

Bitten Sie.
Denken Sie daran, dass die Engel Ihnen nur dann Zeichen geben können, wenn Sie welche erbitten.

Nehmen Sie die Zeichen wahr, wenn sie auftreten.
Hiermit verbunden ist das Vertrauen, dass die Zeichen kein reiner Zufall sind. Falls Sie die Gültigkeit der Zeichen anzweifeln, die Ihnen begegnen, wiederholen Sie den vorhergehenden Punkt und bitten Sie um ein Zeichen, das es Ihnen ermöglicht, die Echtheit des Zeichens, das bei Ihnen ankommt, zu akzeptieren.

Schlagen Sie die Richtung ein, in die die Zeichen führen.
Wenn die Zeichen Ihrer Engel von Ihnen verlangen, dass Sie aktiv werden, so müssen Sie das tun, bevor Ihr Gebet in Erfüllung gehen kann.

Beginnen wir mit einem allgemeinen Gebet um Zeichen:
Liebe Engel, ich bitte darum, dass ihr mir in der physischen Welt klare Zeichen gebt, die ich leicht bemerke und verstehe, damit ich Hilfe erfahre bei ... (schildern Sie die Situation oder Frage).
Mit diesem Gebet bitten Sie darum, dass sich Ihre Zeichen

in konkreter Form einstellen und dass Sie in der Lage sind, sie zu erkennen.

Das folgende Gebet hilft Ihnen dabei, der göttlichen Weisung zu entsprechen, die in den Zeichen steckt:
Liebe Engel, bitte gebt mir den Mut und die Motivation, so zu handeln, wie ihr mich angeleitet habt.

Die folgenden Abschnitte bieten weitere Gebete um Zeichen in bestimmten Situationen. Nehmen Sie sich getrost die Freiheit, sie abzuändern, etwas hinzuzufügen oder eigene Gebete zu kreieren. Denken Sie daran, dass die Engel jedes Gebet hören und beantworten – von jedem einzelnen Menschen, also auch von Ihnen.
[Der leichteren Lesbarkeit zuliebe verzichten wir hier im Deutschen auf die Einfügung »weiblicher« Endungen nach dem Muster »Ihr/e Partner/in«. Bitte passen Sie die Form der betreffenden Begriffe gemäß Ihren Wünschen an. (Anm. d. Redakt.)]

Gebete um Segen und Schutz

Gebet für Kinder

Liebe Engel, bitte gebt mir ein Zeichen, dass meine Kinder von Liebe umgeben sind. Bitte schenkt, dass meine Fürsorge bei ihnen ankommt, und umhüllt sie sanft mit eurer schützenden Energie. Ich bitte darum, dass ihr mir eindeutige und offensichtliche Zeichen schickt, wenn für mich der Zeitpunkt gekommen ist, ihnen im Sinne ihrer

weiteren Entwicklung zu helfen oder auf irgendeine Weise einzuschreiten.

Gebet für den Partner

Liebe Engel, bitte wacht über meinen Partner und gebt mir ein Zeichen, dass alles in unserer Beziehung zum Besten steht. Ich äußere diese Bitte nicht aus Unsicherheit, sondern weil ich auf eine liebevolle Weise daran erinnert werden möchte, dass ich auf dem richtigen Weg bin.

Gebet für die Eltern

Liebe Engel, danke, dass ihr über meine Mutter und meinen Vater wacht, indem ihr ihnen die Richtung weist, sie beschützt und ihnen helft. Bitte gebt mir ein unverkennbares Zeichen für ihre Liebe und ihr Glück und führt mich entsprechend, wenn ich etwas unternehmen soll, um ihnen zu helfen oder ihre Hilfe anzunehmen.

Gebet für ein Haustier

Liebe Engel, bitte wacht über mein Haustier und sorgt für die Sicherheit, die Gesundheit und das Wohlergehen meines Lieblings. Ich danke euch dafür, dass ihr mir klare Zeichen gebt, die es mir möglich machen, die Bedürfnisse meines Haustiers besser zu verstehen.

Gebet für ein entlaufenes/entflogenes Haustier

Liebe Engel, ich weiß, dass nichts und niemand je verloren gehen kann, da ihr alles und jeden seht. Ich bin sicher, dass in den Augen Gottes nichts verloren geht. Ich bitte darum, dass ihr mir helft, sogleich wieder mit meinem Haustier ver-

eint zu werden. Ich rufe euch auf, mir ein Signal zu schicken, damit ich mein Tier finde. Ich entspanne mich jetzt in dem Wissen, dass ihr, Gott und mein höheres Selbst bereits mit meinem Tier in Verbindung steht.

Gebet für einen Freund
Liebe Engel, bitte helft meinem Freund ... (Name), in dieser Situation inneren Frieden zu finden. Bitte gebt mir problemlos zu erkennende Zeichen, wie ich meinen Freund am besten unterstützen und ihm helfen kann.

Gebete um Auflösung von Konflikten

Gebet um Heilung eines Streits mit einem lieben Menschen
Liebe Engel, bitte gebt mir ein Zeichen, dass es für den Konflikt, auf den ich hier gestoßen bin, eine friedliche und harmonische Lösung gibt. Bitte sorgt dafür, dass uns Liebe und Vergebung umgeben, und führt uns wieder in die Arme des anderen zurück.

Gebet für die Kommunikation mit Kindern
Liebe Engel, bitte gebt mir ein eindeutiges Zeichen, dass meine Worte bei meinen Kindern etwas bewirken. Bitte schickt ihnen meine Liebe und meinen Schutz und lasst sie wissen, dass ich nur ihr Bestes im Sinn habe.

Gebet um Beilegung eines Nachbarschaftsstreits
Liebe Engel, bitte lasst mir ein Zeichen zukommen, dass es eine Lösung für diese Situation mit meinem Nachbarn gibt.

Wir wohnen am gleichen Ort und deshalb in der gleichen generellen Energie, und ich will dafür sorgen, dass wir beide nur Licht und Liebe aussenden.

Gebet um Auflösung von Spannungen mit den Schwiegereltern
Liebe Engel, bitte gebt mir ein Zeichen dafür, dass sich alles regeln wird und dass ich mit den Eltern meines Partners meinen Frieden schließen werde. Ich liebe ja ihr Kind, und ich will, dass die Mutter und der Vater meines Partners wissen, dass ich für die Beziehung nur die allerbesten Absichten hege.

Gebet um Auflösung von Problemen am Arbeitsplatz
Liebe Engel, bitte gebt mir ein Zeichen, dass ich entweder an meinem Arbeitsplatz wieder glückliche Zeiten erlebe oder dass ich eine andere Stelle antreten soll. Bitte führt mich weiter zum nächsten Schritt – entweder indem ihr mir helft, meine aktuellen Probleme zu lösen, oder indem ihr mir zeigt, dass es an der Zeit ist, mich von dieser Firma zu verabschieden.

Gebete um Gesundheit

Gebet um Heilung von Suchterkrankungen
Liebe Engel, bitte erlöst mich von meinem Verlangen nach ... (Bezeichnung der Sucht) und helft mir, mich auf natürliche Weise erfüllt und friedvoll zu fühlen. Danke, dass ihr mir klare Zeichen gebt, um mein Verhalten jeweils in eine gesunde Richtung zu lenken.

Gebet um Genesung
Liebe Engel, mein größtes Gebet dreht sich um Frieden auf jeder Ebene: körperlich, seelisch, geistig, intellektuell und spirituell. Bitte gebt mir Zeichen, wie ich meine Gesundheit auf diesen Gebieten am besten verbessern kann.

Gebet um Annahme einer gesunden Lebensweise
Liebe Engel, danke, dass ihr mir eindeutige Zeichen gebt, wie ich ein gesundes Leben führen kann. Bitte leitet mich bei meinem Ess- und Trinkverhalten, bei der körperlichen Bewegung, in Sachen Schlaf und bei allen sonstigen Aspekten einer gesunden Lebensweise.

Gebet um Heilung eines trauernden Herzens
Liebe Engel, danke, dass ihr mir helft, mein Herz von Trauer genesen zu lassen. Bitte schickt mir ein Zeichen, durch das mir zu verstehen gegeben wird, dass es diesem geliebten Menschen im Himmel gut geht und ... (fügen Sie hinzu, was Sie sonst noch gerne über die Person wissen würden).

Gebet um Gewichtsabnahme und mehr Fitness
Liebe Engel, ich bin so weit, mich von überflüssigen, gesundheitsschädlichen Pfunden und Ballast in meinem Leben zu verabschieden. Bitte gebt mir Zeichen und führt mich, wie ich meiner Persönlichkeit, meinem Geldbeutel und meinen sonstigen Verpflichtungen entsprechend am gesündesten und effektivsten abnehmen kann.

Gebet um Gesundheit für einen nahestehenden Menschen
Liebe Engel, ich möchte euch bitten, jetzt besonders gut auf ... (Name) aufzupassen und ihn mit eurer Liebe und Fürsorge wieder gesund zu machen. Bitte gebt mir Zeichen, die mir Mut schenken, und Führung, wie ich es am besten unterstützen kann, dass ... (Name) wieder gesund wird.

Gebet um Heilung einer Verletzung
Liebe Engel, danke, dass ihr meinem Körper helft, sich wie durch ein Wunder bestens und schnell zu regenerieren. Bitte zeigt mir durch Zeichen von euch, dass meine Genesung gute Fortschritte macht, und leitet mich an, wie ich sie fördern kann.

Gebete rund ums häusliche Umfeld

Gebet um Auffindung vermisster Dinge
Liebe Engel, bitte gebt mir ein Zeichen, damit ich mein ... (verlorener Gegenstand) wiederfinde. Ich spüre ganz genau, dass er sich irgendwo hier befindet, und ich brauche nur ein kleines Zeichen, das mich in die richtige Richtung lenkt.

Gebet für einen Umzug in das optimale neue Heim
Liebe Engel, danke, dass ihr mir Zeichen gebt, ob ich umziehen sollte und wohin ich am besten gehen soll. Bitte führt mich im Hinblick auf alle Aspekte dieses möglichen Umzugs und helft mir, eure Zeichen wahrzunehmen und mich nach ihnen zu richten.

Gebet um Schutz für das Hab und Gut

Liebe Engel, bitte gebt mir ein Zeichen, um mir zu zeigen, dass mein Haus und mein gesamtes Eigentum in meiner Abwesenheit sicher vor unerwünschten Eindringlingen ist. Wenn es noch etwas gibt, womit ich mein Zuhause besser schützen kann, gebt mir bitte ein entsprechendes Zeichen.

Gebete rund um den Sinn des Daseins, für Karriere und Finanzen

Gebet für einen beruflichen Wechsel

Liebe Engel, ich brauche euren Rat zu dem von mir gewählten Beruf. Bitte schickt mir Zeichen und eure Führung, welcher Beruf für mich der beste ist, um meine emotionalen, spirituellen, finanziellen und intellektuellen Bedürfnisse zu erfüllen.

Gebet um finanzielle Sicherheit

Liebe Engel, danke, dass ihr mich mit großer Klarheit zu den Schritten hinführt, die ich unternehmen kann, um finanziell auf sicheren Beinen zu stehen. Ich weiß es zu schätzen, dass ihr mir hilfreiche Zeichen gebt, damit ich mich hinsichtlich meiner finanziellen Situation sicher fühle. Danke, dass ihr mir beim Regeln meiner Finanzen behilflich seid.

Gebet um Erkenntnis des eigenen Lebenssinns

Liebe Engel, ich wüsste gerne, was der Sinn meines Daseins hier auf der Erde ist und wie ich diese Aufgabe in eine berufliche Tätigkeit integrieren kann, die mich auf wunderbare

Weise erfüllt und von der ich leben kann. Bitte schickt mir klare Zeichen, die ich problemlos wahrnehme und verstehe, um mich zum wahren Sinn meines Daseins hinzuführen.

Gebet um Zahlungsfähigkeit

Liebe Engel, bitte gebt mir beruhigende und tröstliche Zeichen, dass ich meine Rechnungen immer bezahlen kann, und leitet mich an, wie ich mehr verdienen und meine Ausgaben reduzieren kann. Danke, dass ihr mir dabei helft, alle meine Rechnungen problemlos zu begleichen und dabei noch Geld für mich selbst und für andere Menschen übrig zu haben.

Gebet für eine selbstständige Tätigkeit

Liebe Engel, danke, dass ihr mir auf dem Weg zur beruflichen Selbstständigkeit Zeichen schickt, um mich zu führen. Ich weiß es sehr zu schätzen, dass ihr mir Ideen schenkt sowie die entsprechenden Kontakte, die finanzielle Unterstützung und ... (fügen Sie ein, was Sie sonst noch brauchen), um mir unternehmerisch zu helfen.

Gebete für das Liebesleben

Gebet, um den Seelengefährten anzuziehen

Liebe Engel, danke, dass ihr mir Zeichen gebt, die mich zu meinem Seelengefährten führen. Bitte helft mir, sie leicht zu erkennen und ihnen zu folgen, um mich auf meine wunderbare, liebevolle Partnerschaft vorzubereiten.

Gebet, um den Seelengefährten zu erkennen
Liebe Engel, ich muss wissen, ob ... (Name) mein Seelengefährte ist. Bitte gebt mir klare Zeichen, die mir helfen, zu entscheiden, ob dieser Mensch und diese Beziehung zu der romantischen Partnerschaft führen wird, die ich mir so sehr wünsche.

Gebet um Heilung auf der Herzensebene
Liebe Engel, ich brauche eure Unterstützung, euren Trost, eure Aufmunterung und Liebe. Bitte helft mir, mich von Traurigkeit, Kummer, Bitterkeit und Enttäuschung zu lösen. Bitte gebt mir klare Zeichen, dass mein Herz heilt und dass alles bestens ist.

Gebet, um Liebe anzuziehen
Liebe Engel, ich weiß es sehr zu schätzen, wenn ihr euch im Hinblick auf mein Liebesleben einschaltet, damit ich romantische Erfüllung finde. Bitte führt mich mit Zeichen, sodass ich die entsprechenden Schritte unternehmen kann, um mehr liebevolle Gefühle in mein Leben zu bringen.

Gebet um Klarheit, ob Gehen oder Bleiben angesagt ist
Liebe Engel, ich bin ratlos, ob ich aus meiner derzeitigen Beziehung aussteigen soll oder nicht. Bitte gebt mir Zeichen, die mir helfen, diese Entscheidung mit Liebe und Klarheit zu treffen.

Gebete der Manifestation

Gebet, um neue Freunde anzuziehen

Liebe Engel, danke, dass ihr mir helft, Kontakt zu neuen Freunden zu bekommen. Das Zusammensein mit ihnen soll interessant und vergnüglich sein, mich unterstützen und wohltuend auf mich wirken ... (fügen Sie weitere Kennzeichen ein, die für Sie wichtig sind). Bitte gebt mir Zeichen, die mich im Hinblick auf meine neuen Freundschaften in die richtige Richtung weisen.

Gebet um Erschaffung materieller Fülle

Liebe Engel, ich stelle mich nun bereitwillig in den Strom finanziellen Überflusses und bitte euch, mir klare Zeichen zu schicken, wie ich am besten vorgehen sollte, um diesen Wohlstand anzuziehen. Bitte helft mir, die Zeichen zu erkennen, zu verstehen und mich nach ihnen zu richten.

Gebet, um eine Entscheidung zu fällen

Liebe Engel, ich brauche Hilfe, um mich zwischen ... (Bezeichnung von Option 1) und ... (Bezeichnung von Option 2) zu entscheiden. Ich hätte gerne Zeichen und Führung von euch, welche Richtung mir den größten Frieden bringt.

Nachwort

Wie wir in diesem Buch untersucht haben, stellen sich Zeichen in vielerlei Formen und Situationen ein. Sie sind etwas zutiefst Persönliches, und was für Sie eine große Bedeutung haben mag, ergibt im Leben eines anderen vielleicht keinen Sinn. Zeichen müssen immer in Zusammenhang mit der Frage verstanden werden, die Sie zuvor gestellt haben.

Ängste werden oftmals gelindert und Problempunkte unter Kontrolle gebracht, wenn wir uns an der machtvollen Führung durch Zeichen orientieren. Immerhin kann der übertriebene Versuch, etwas herbeizuführen, am Ende sogar dem entgegenwirken, was Sie sich eigentlich wünschen: Je mehr Druck Sie ausüben, desto schwieriger scheint die Situation zu sein.

Dieses Prinzip bewahrheitet sich offenbar auf vielen verschiedenen Gebieten des Lebens. Ein Extrembeispiel sind die Fallschirmspringer, die beim Auftreffen auf den Boden Verletzungen vermeiden, indem sie sich körperlich völlig entspannen und mit der Kraft mitgehen. Diejenigen, die sich anspannen und ihren Fall zu steuern versuchen, ziehen sich in der Regel irgendeinen physischen Schaden zu. Unser Körper ist so beschaffen, dass er am besten arbeitet, wenn er entspannt und locker ist.

Die Welt verbessert sich ebenso wie wir als Individuen. So komplex das Leben auf diesem Planeten wirken mag: Es ist nur eine massenhafte Ansammlung von Individuen auf

jeweils einzigartigen Wegen, die einfach versuchen, über die Runden zu kommen. Früher glaubte man, dass das Leiden ein nicht wegzudenkender Teil des Lebens und der Arbeit sei. Aber das gilt nicht mehr! Die Engel sind in jüngerer Zeit so massiv präsent, weil sie wissen, dass wir die Welt und auch uns selbst verbessern können.

Indem wir uns von unseren Ängsten, unseren Sorgen und unserem Kontrollbedürfnis lösen, führen wir alle ein glücklicheres, sichereres und positiver wirksames Leben. Bitten Sie die Engel, Ihnen Zeichen zu schicken, dass sie bei Ihnen sind. Nachdem Sie die Bestätigung dafür erhalten haben, gehen Sie ein Stück weiter, indem Sie die Engel bitten, Sie bei Ihrem nächsten Schritt zu führen. Oder Sie bitten sie, Ihnen zu bestätigen, dass Sie auf dem richtigen Weg sind. Sie werden Ihre Zeichen auf jeden Fall erhalten, und wenn Sie erst einmal wirklich davon überzeugt sind, dass die Zeichen existieren, und sie zu erkennen lernen, wird Ihr Leben erfüllter und gesegneter sein, als Sie es sich vorstellen können.

Im Geiste werden wir Sie bei jedem Schritt auf Ihrem Weg begleiten.

In Liebe
Doreen und Charles

Über die Autoren

Doreen Virtue ist Doktorin der Psychologie. Als hellsichtige Metaphysikerin lässt sie übernatürliche Phänomene wie Heilung durch Engelskräfte und spirituelle Prinzipien aus »Ein Kurs in Wundern« in ihre psychologische Beratungspraxis und ihre Arbeit als Autorin mit einfließen. Seit 1989 hält sie Workshops über Spiritualität und seelische Gesundheit. Zu ihrer Klientel gehören unter anderem die vom Magazin Fortune unter den 500 erfolgreichsten Unternehmen genannten Firmen wie »The Learning Annex« und der Kongress des American Board of Hypnotherapy.
www.angeltherapy.com

Charles Virtue, der älteste Sohn von Doreen Virtue, ist zertifizierter Angel Therapy Practitioner® und unterrichtet im Rahmen des Engel Training Programms. Schon lange betont er die Macht der Gedanken und deren Manifestation in der Realität. Nach einer mehr als siebenjährigen, assistierenden Zusammenarbeit mit seiner Mutter gibt er nun eigene Kurse in der ganzen Welt.
www.CharlesVirtue.com

Doreen Virtue
Wie Schutzengel helfen

Tb. 160 Seiten
€ 7,95
ISBN 978-3-86728-042-6

Warum du nie alleine bist ...
Und es gibt sie doch: Schutzengel, die unsere Bitten wahrnehmen und sie oft auf überraschende Weise beantworten; geheimnisvolle Helfer – zuweilen sogar in irdischer Gestalt –, die uns in Gefahr, Not und Verzweiflung zur Seite stehen. Die Engelexpertin Doreen Virtue lässt Menschen zu Wort kommen, die von ihren persönlichen Begegnungen mit den »Himmelswesen« oder mit geliebten verstorbenen Angehörigen erzählen. Und dies so herzerwärmend und ermutigend, dass man gar nicht anders kann, als auf die Nähe der Engel zu vertrauen – oder selbst ein helfender Engel für andere zu sein.

Isabelle von Fallois
Die Erzengel
15 Begleiter auf dem Weg in ein erfülltes Leben

gebunden, 208 Seiten
€ 14,95
ISBN 978-3-86728-081-5

Strahlendes, überirdisches Licht in durchscheinenden Farben, machtvolle und zugleich zarte Energien göttlicher Liebe, unendliche Güte und vollkommene Hilfsbereitschaft ... Wer die Erzengel in sein Leben ruft, fühlt sich wie von Flügeln warm umfangen und getragen.
Isabelle von Fallois, Pianistin, Medium und – von Doreen Virtue ausgebildeter – Angel Therapy Practitioner®, hat es am eigenen Leib erlebt. Mithilfe der Engel von einer lebensbedrohlichen Krankheit genesen, bringt sie uns das Wesen der himmlischen Helfer nahe: durch medial empfangene Botschaften, durch eigene wundervolle Erfahrungen sowie Erlebnisse von Freunden, durch bezaubernde und erquickende Meditationen, Affirmationen und praktische Anleitungen für ein Leben unter dem Schutz unserer liebevollen Begleiter.